说走就走的旅行系列

普罗旺斯，
捕捉浪漫的故事

孟语嫣 ◎ 著

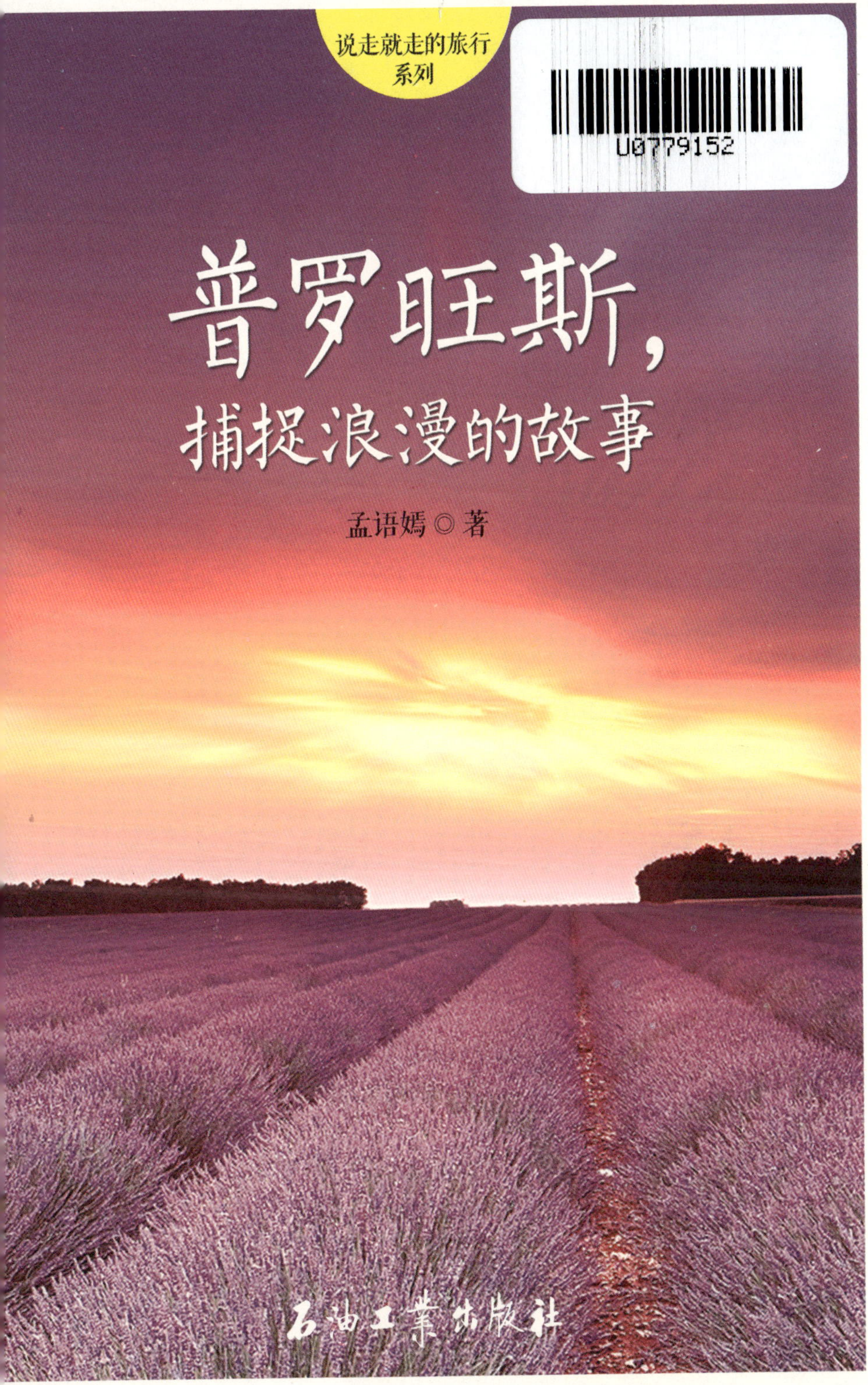

石油工业出版社

图书在版编目（CIP）数据

普罗旺斯，捕捉浪漫的故事 / 孟语嫣著. —北京：石油工业出版社，2018.1
ISBN 978-7-5183-1744-8

Ⅰ.①普… Ⅱ.①孟… Ⅲ.①旅游指南-法国 Ⅳ.①K956.59

中国版本图书馆CIP数据核字（2017）第003896号

普罗旺斯，捕捉浪漫的故事
孟语嫣　著

出版发行：石油工业出版社
　　　　　（北京安定门外安华里2区1号　100011）
网　　址：www.petropub.com
编 辑 部：(010) 64523607　图书营销中心：(010) 64523731　64523633
经　　销：全国新华书店
印　　刷：北京中石油彩色印刷有限责任公司

2018年1月第1版　2018年1月第1次印刷
880×1230毫米　开本：1/32　印张：8.625
字数：215千字

定　价：38.00元
（如发现印装质量问题，我社图书营销中心负责调换）
版权所有，翻印必究

序言
PREFACE

  作一次旅行，就像修一个学位。你的课堂可能在一座古老的城堡，也可能在一个幽静的教堂，可能在车水马龙的闹市，也可能在一个开满野花的山谷。无论在哪里，你都会收获很多很多，比如知识，比如友情，比如对生命的感悟。

  人生中最孤独的，不是全世界只剩下你一个人，而是身边明明人声鼎沸，却是谁和谁都没有关系。匆匆擦肩，目光冷漠。在喧嚣的都市里，我们忘了感动，也忘了真情。

  我是个热爱旅行的人。从细雨氤氲的烟柳江南，到广袤无垠的塞北大漠，从宁静古朴的雷峰夕照，到铺满阳光的布达拉宫，每一处美丽的风景都曾留下我的脚印。

  那些美丽的风景，旅途中遇见的可爱的人，总是能让我的心格外温暖。

  然而，大学毕业后的我却一下子成了工作的奴仆，仿佛不是我在工作，而是工作在奴役着我。

  一年年芳华斑驳，岁月渐渐老去。每天重复着同样的动作，还要时刻提防身边的尔虞我诈。时光周而复始，我仿佛一眼就看穿了自己一辈子的生活。

那种感觉真的很可怕,就像一盘没有任何作料的菜,淡而无味。

整理书架的时候,一本大学时代的日记忽然掉落下来。里面夹着一张照片,是我在新疆伊犁旅行时拍的。照片里有暖暖的阳光,我的身后是开得如火如荼的薰衣草,那绚烂的紫色仿佛有一种魔力,让我的心情不自禁地沉沦在对薰衣草的记忆里不能自拔。

曾经,天真的我把薰衣草当作自己生命的图腾。那一抹优雅的紫,也是我最爱的颜色。

想到工作以来的那些灰色的日日夜夜,一个紫色的远方仿佛在向我召唤。

那个远方,叫作普罗旺斯。那是一个梦幻般的世界,紫色的薰衣草会把人的心情都染成优雅恬静的紫色。

我忽然想起法国著名诗人罗曼·罗兰曾说过:"法国人之所以浪漫,是因为它有普罗旺斯。"那一定是一个美到极致的人间天堂。

当电脑上弹出"订票成功"的页面时,我忽然觉得,其实梦想与现实只有一张机票的距离。

流水不腐,户枢不蠹,其实生活也是一样。经常出去走一走,开阔开阔眼界,生活才会绚丽多彩。普罗旺斯,就像一个美丽的瑰梦沉睡在我触手可及的远方。

美丽的普罗旺斯,我来了。

目录 CONTENTS

第一章　尼斯·传说中的阳光圣地

向往天涯·心是脱缰的野马	/ 003
从北京到巴黎·现实与梦想只有一张机票的距离	/ 007
尼斯·一定要去CAFE DE TURIN尝一尝海鲜	/ 016
维勒弗朗什·摩纳哥王储度假的天堂	/ 025
戛纳·一个蜚声全球的文化驿站	/ 034
摩纳哥·亲临国中国	/ 041

第二章　马赛·一个古典韵味与现代气息交织的海港

马赛曲·在音乐中开启旅程	/ 051
贾尔德圣母院·马赛的标志	/ 061
旧港·溯源马赛的历史	/ 071
伊夫古堡·和大仲马一起温习《基度山伯爵》	/ 077
陶·逃	/ 083
马赛鱼汤·不容错过的美食	/ 088

第三章　埃克斯·一场远离尘嚣的旅行

米拉波林荫大道·埃克斯的核心　　　　　　　　　／099

塞尚画室·为心灵晕染一片彩色阳光　　　　　　　／106

修道院·红尘，恍如隔世　　　　　　　　　　　　／123

古董市场·小物件，大历史　　　　　　　　　　　／128

埃克斯咖啡·品味苦香人生　　　　　　　　　　　／137

第四章　阿尔勒·镶嵌在罗纳河上的珍珠

凡·高·阿尔勒的标签　　　　　　　　　　　／ 146

古代剧场和罗马竞技场·带你穿越千年的历史烟云　　／ 156

圣特罗菲姆教堂·中世纪如在昨天　　　　　　／ 165

圣雷米的向日葵·寻找最后的凡·高　　　　　／ 170

烤比目鱼·一场视觉与味觉的盛宴　　　　　　／ 179

第五章　卡玛格·享受万物和谐的韵律

露天餐厅·味觉与心灵的双重享受	/ 191
火烈鸟·卡玛格湿地的红精灵	/ 194
卡玛格白马·大自然里野性的呼唤	/ 202
盐山·在平淡生活里加上一些作料	/ 205

第六章　阿维尼翁·生命里那些不容错过的风景

墙垣·历史的书页	/ 212
圣贝内泽桥·波光与夕照映衬如梦远山	/ 217
小皇宫美术馆·在艺术世界里徜徉	/ 224
钟楼广场·阿维尼翁的心脏地带	/ 233
戏剧节·一种阳春白雪的体验	/ 238
薰衣草·睡在普罗旺斯的星星	/ 244
村庄与集市·洗尽铅华，返璞归真	/ 253
桃红酒·饮下整个普罗旺斯	/ 260

后　记

第一章

尼斯·传说中的阳光圣地

向往天涯·心是脱缰的野马

23点55分,深夜。手里的照片已经被我盯着看了很久很久,那是一张在新疆伊犁旅行时拍摄的照片,上面有暖暖的阳光,阳光下有开得如火如荼的大片紫色薰衣草田。在那一大片绚烂的紫色中,我笑得那样灿烂。这张照片仿佛有魔力一般,将我的灵魂带到了远方,那一片优雅摇曳的紫色,在微风中缓缓向我招手呼唤:"来吧,这里才是让心灵宁静安放的地方!"

我们的情绪总是被物质和欲望牵动,每日重复的工作、时刻充斥在职场中的尔虞我诈,早已让人迷失了真正的自我。有人说,真正的自己,其实在路上。一旦萌生了远行的想法,我忽然再也忍受不了日复一日的生活。我再也不能让每天枯燥的生活成为自己向往自由的束缚,我要奔向未知的旅程,奔向心目中向往的天涯,在旅途中找回真正的自己。

向往远方的欲望始终伴随在我的天性中,只是被现实世界的物质和欲望尘封在了一个不容易被发现的角落,又被默默地上了把锁。这张多年前的照片仿佛一把钥匙,悄悄将心里的箱子打开了一道小小的缝隙,渴望奔向远方的欲望一旦探出头,就仿佛脱缰的野马般再也收不住。普罗旺斯,梦幻恬静的人间天堂,开始让我浮想联翩。告别现在,让生

活绚丽多彩,背上行囊,奔向未知的远方的想法,此刻成了我灵魂的主宰。

音箱中一首歌缓缓唱着:"多久没看过远空的繁星,多久没听过花开的声音,每天像时钟转个不停,流逝着时光,重复着生命……就带着梦想去旅行,背包里只装着憧憬,心若有梦,永远年轻……"句句歌词直击我的心灵。一幅幅画面在我脑海中逐渐清晰——碧海蓝天下,清晨的阳光中,我置身花园般的露天餐厅,享受一顿浪漫的法国早餐;金黄色的向日葵园中,我仿佛看见画家凡·高正用简练的笔法为这些充满希望的植物赋予律动感及生命力;紫色薰衣草田中,我一袭白衣在花海中吸取最天然的醇香精华……

是的,行走,在这一次一意孤行的旅程中,寻找回曾经最真实的自己。

我坚信普罗旺斯就如同我想象中一样的美好,美食、美景、名胜、古迹、异域的人文风情,能带给我最快乐的时光,让我心驰神往……

这一夜我睡得无比香甜,梦里有个声音缓缓低诉,生活在别处,爱情在远方,真正的自己在路上。

从北京到巴黎·现实与梦想只有一张机票的距离

普罗旺斯位于法国的东南部，在古罗马地区，普罗旺斯被列为其所属的省份，时至今日，已经成为法国22个大区之一，因此，普罗旺斯并不是一个省或市，而是类似中国的香格里拉一样，是人们向往的世外桃源。

从北京到普罗旺斯，并没有直飞的航班。而想到法国，我脑海中的第一印象就是浪漫之都巴黎，想到每晚准时上演的歌剧和戏剧演出、大小美术馆的主题艺术展览、时刻衣着光鲜妆容精致的法国美女、路边优雅的露天咖啡馆……我毅然决然选择了从巴黎中转。在到达梦幻天堂之前，我要穿上我的高跟鞋，走在香榭丽舍大道的路上，亲身感受徐志摩口中"既有古典中国韵味，又有西方浪漫气息的世界上最美丽的散步大道"，据说那里就连空气中都弥漫着香奈儿五号的味道。

北京到巴黎，只有一张机票的距离

临行前，我问自己，北京到巴黎有多远？是十几个小时的飞机，还是一万多公里的距离？当电脑屏幕上弹出"订票成功"的页面时，我忽然觉得，其实梦想与现实只有一张机票的距离。

仔细打点好行囊，再三确定相机已经完好地躺在背包中，当初买这

个相机,完全出于对旅行的热爱,没承想原以为说走就走的旅行计划,却被每日烦琐的工作搁置了这么久,抱歉老伙计,等了这么多年,我们终于一起上路,此行的一切美好都要靠我们一起来定格。

出于对浪漫的憧憬,我特意选择了法国航空的航班,事实证明,这是个正确的选择,机组成员几乎都是法国人,乘客也以外国乘客居多,我从头至尾好好地感受了一次法国式服务,空乘人员端着托盘为乘客送上咖啡,连倒咖啡的姿势都带着那么一点小资的情调。

初识巴黎,灯火通明

飞机刚刚抵达戴高乐机场的时候,巴黎的早晨还没有到来,天边只泛着一点点微亮,凌晨的巴黎灯火通明,仿佛夜晚根本就不存在。与国内的夜景不同,光照下的欧式建筑与欧式雕塑相映成趣,巷口的小店灯火长明,咖啡店、小酒馆、街上来往的行人在暖黄色灯光的映照下,形成了巴黎独特的夜晚街景,整个画面与电影《午夜巴黎》的景致如出一辙,只是少了高座的马车载着我漫步街头。

有经验的朋友告诉我,在巴黎,一定要住在离地铁近的宾馆,更方便领略市内风光。这次预定的城堡酒店(Castex Hotel),位于巴士底广场,距离地铁口走路只有2~3分钟的距离,1公里之外就是市内最繁华的地区,附近餐馆很多,还有很多法国特色的面包店,宾馆距离马诺斯、全国古迹中心、七月圆柱等热门景点也非常近,只是像许多巴黎的宾馆一样,房间有些小,但是在许多可爱装饰物和干净整洁的映衬下,却更显温馨。小憩过后,我迫不及待地开始了与巴黎的第一次亲密接触。

普罗旺斯·捕捉浪漫的故事

艺术巴黎,卢浮印象

巴黎这个名字,在所有人心中都是一个浪漫的梦,在我心中更是一个华丽而艺术气息浓厚的城市。

罗浮宫、罗丹雕塑花园、奥赛博物馆……吸引了来自全世界的艺术拥趸者蜂拥而至,只是为了在浓郁的艺术气息中陶醉和熏染。我也不甘落后,这一天的行程被我用艺术安排得满满的。

罗浮宫,一座艺术的迷宫,称它为视觉盛宴,丝毫不为过,几个世纪以来,它坐落在位于巴黎心脏的塞纳河北岸,作为世界艺术的殿堂,享受着世人的瞩目和敬仰。巴黎歌剧院广场上,金字塔形的建筑反射着金色的阳光,稍显刺眼,却更加耀眼。这是美籍华裔建筑师贝聿铭的杰作,进入门内,才真正让人惊叹,这是何等壮观的一座藏宝宫殿。宫殿中始终充斥着赞叹声和惊喜声,不同知名度的艺术品静静地待在那里,

第一章　尼斯·传说中的阳光圣地

等待着接受人们的欣赏。沉睡千年的狮身人面像——拉美西斯二世、断臂维纳斯残缺美的完美身姿、拥有世界上最神秘微笑的蒙娜丽莎、从古埃及到古罗马、从欧洲珍宝到东方艺术、从中世纪到现代雕塑、超过40万件艺术珍藏品让全部艺术爱好者的心灵随之不断激荡。

我对艺术的膜拜之心并没有得到满足,走出罗浮宫,过桥来到塞纳河左岸,我一头扎进了印象派的殿堂——奥赛博物馆。

莫奈、凡·高、雷诺阿,他们用艺术的笔法将五颜六色的颜料变换成了一幅幅或唯美或扭曲的画作,每一幅画作里,都蕴含着作者的灵魂。据向导讲,这里曾经是一个废弃的火车站,在主体框架不变的情况下,改造成了充满艺术气息的博物馆,不得不佩服设计师的伟大造诣。凡·高的《星空》、莫奈的《睡莲》,在电脑和书籍中被我欣赏了无数次,而这一次,真迹完美地展现在了我的眼前。与艺术大师的灵魂零距

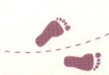

普罗旺斯·捕捉浪漫的故事

离接触，仔细慢慢欣赏，绝对是一种享受。

不见识一下法国的雕塑艺术，这一趟艺术之旅怎能堪称完美？坐落在塞纳河南岸的罗丹博物馆，为我的艺术梦画上了圆满的句号。这里是一个逛起来很舒服的地方，罗丹的雕塑代表作"思想者"，就在这样一个舒服的地方为你进行艺术的洗礼。这里的雕塑，追求的并不是逼真，

第一章 尼斯·传说中的阳光圣地

而是感觉和感动。上帝之手、巴尔扎克、吻……每一个作品背后都蕴含着一段鲜为人知的故事和情感。叹息、感慨、震撼、享受,在五味杂陈中结束了此行的艺术之旅,浪漫的艺术气息让此刻的我感觉微醺,仿佛饮下了一杯醇美的法国红酒,还没有离开,我已期待下次的旅行赶快到来。

宗教巴黎,畅想爱情

对电影的热爱,让我对法国宗教的浪漫更为向往,《天使爱美丽》中的白色教堂、白色广场,符合我对一切浪漫爱情场景的想象。为了更好地领略法国的宗教文化,我特意来到了位于巴黎最高点的圣心大教堂。临行前,有经验的朋友告诉我,这里是巴黎浪漫的象征,果不其然,在教堂前的蒙特利广场上,情侣们悠闲地晒太阳、喂鸽子。与传统的哥特式教堂不同,这座具有东方情调的建筑,白色的外观在阳光下梦幻又轻松,让我想起电影《天使爱美丽》中女主人公的一次次奇遇,浪漫又刺激,谁说宗教只能庄严,这里让我感受到彻头彻尾的浪漫气息。只是,很快要和这浪漫说声再见,人生也许就是这样,浪漫过后总是现实,在教堂前,我悄悄许愿,希望现实依然美好。

《巴黎圣母院》中的卡西莫多,一直被我认为是最懂得爱的人,雨果笔下的钟楼,千百次的在我心中勾勒出了不同的雏形。天公作美,那一天的巴黎晴空万里,巴黎圣母院的钟楼在晨光下泛着温暖的金色微光。教堂哥特式的尖顶笔直尖细,全部采用石材建筑,从塞纳河的游船上看过去,辉煌挺拔,充满了浓郁的庄严气息。大门四周雕像密布,凸显了当地人对宗教的敬重。最著名的玫瑰玻璃窗里面,蕴藏千百年的爱情故事仿佛在等待着向来往的游人娓娓道来。教堂内刻画了耶稣基督在童贞女的簇拥下行祝福礼的画面，彩色的雕塑遍布教堂内部，人们手捧圣经，唱着赞歌，感受心灵的净化。可惜我没有听到钟声，也不知道它何时才会敲响，接受了视觉与心灵的洗礼，我继续向前方行走。

建筑巴黎，膜拜先贤

从巴黎圣母院步行，途径巴黎先贤祠，我被正面一整排罗马柱所震撼，这个模仿古代罗马万神殿的建筑，蕴藏了多少艺术家智慧的结晶。这座国王为还愿而建的教堂，如今成了伏尔泰、雨果、居里夫人、大仲马等72位法国伟人的安眠之地，什么叫对先贤智者的尊敬，想必法国已经做到了极致吧。

凯旋门，为纪念拿破仑的胜利而建，是世界上首屈一指的纪念性建筑。虽然没有想象中那么宏伟，却有一种别具一格的气势。远看壮丽，近看又处处体现着法国人的浪漫气息，各种浮雕细节都很精致，据说，它象征着战无不胜，想到伟大的拿破仑，又让我一丝悲凉感慨油然而生。

来到巴黎，怎能不见识一下闻名遐迩的埃菲尔铁塔呢？经过一日的行程，来到艾菲特铁塔，已是傍晚时分。向导告诉我，晚上的埃菲尔铁塔别有一番风味。每到整点会有闪烁的灯光开启，足以震撼心灵。随着夜色的降临，埃菲尔铁塔的金色轮廓却逐渐清晰，面对这个让我崇拜了多年的梦中情人，我的心跳开始不受控制地悸动。随着整点的到来，人群中开始一阵骚动，整点灯光跳跃起来，让我的心情也随之愉悦，按动快门，将这一刻的快乐定格成永恒，如果有一天，记忆中的美好逐渐失去，照片会让我重新将美好找回。

走到铁塔脚下仰头望，我的心跳不觉漏了一拍，这是何等的雄伟和

壮丽，裸露的钢材丝毫不能掩饰它优雅的弧度，在这个世界上，渺小的人类却能创造如此伟大的壮举，它的美，如此真实。夜色渐浓，我与这座雄伟的梦中情人依依惜别，巴黎，祝你一夜好梦。

时尚巴黎，感受优雅

从20世纪开始，香榭丽舍大街就成了巴黎的典型符号。香榭丽舍得名于诗人徐志摩先生，弥漫着咖啡、香水、糕点香气的街道可谓名副其实的"香榭"，街道两旁典雅的奥斯曼建筑，就是传说中的"丽舍"。

来到香榭丽舍，当然不能免俗。仿佛时刻走在时装周秀场的法国美女，用惊艳的搭配和一丝不苟的妆容震撼着我的眼球。在街道两旁一家一家的店铺里，我忘情地一点点掏空了自己的钱包，没错，不购物丝毫对不起巴黎之旅，时尚的元素一件一件被我收入囊中，品牌店在打折，纪念品商店的老板在召唤，面包店在散发出阵阵香气，连香街上的报刊亭都在时刻散布时尚的气息。奢侈品旗舰店、浪漫的法国餐厅、橱窗精美的内衣店、法国最出名的香水店、标志汽车店、雪铁龙概念车展示厅、老佛爷百货商店，让我一次次停下脚步驻足观望。

香榭丽舍大街繁华但不嘈杂，林荫大道更是悠闲，名副其实，这里就是世界上最美丽的散步大道，美丽得让你流连忘返，不知归路。但这一段的旅程仅仅是个起点，我始终没有忘记，更美好的终点在远方等待我的到来，普罗旺斯，我来了。

尼斯·一定要去CAFE DE TURIN尝一尝海鲜

巴黎到尼斯的航班上，由于是旅行的旺季，飞机上的空座位很少，却并不显得熙攘。谁说旅行需要蓄谋已久的酝酿，说走就走才是旅行真正的意义。从时尚之都巴黎飞向地中海沿岸的尼斯，行程很短。我安置好行李，打开了随身携带的旅行手册，手册上说，尼斯是法国仅次于巴黎的第二大旅游城市，是欧洲最具魅力的海滨度假胜地，让我不禁心生神往。

仅仅一个多小时过后，尼斯的土地已经在我脚下，驱车前行，车窗外出现了水天一色的蓝色海岸，据说，世界各地的富豪们喜欢在这片海域享受美食、美景、日光浴，然后再回到来处，继续"贵族"般的生活。当地流传着一句话："旅游者在巴黎扎堆，有钱人在尼斯汇集。"这句话更加验证了尼斯是法国人心目中的度假天堂。

尼斯老城，不得不去的地方

位于海滨大道里侧的尼斯老城，是来到尼斯以后不得不去的一个地方。老城里遍布着各色露天市场和餐馆，人们在街边随意地享受美食和静谧的时光。

老城的小巷里有很多工艺品和装饰品的店铺，浪漫的法国人自然

第一章　尼斯·传说中的阳光圣地

也少不了一些精美的花店和水果店，店主大多很热情，招呼我去店里光顾，问我想买什么。

想了解一座城，要先接触这里的人。一位店主听说我是中国人，兴奋地和我聊起了尼斯的历史和老城的风貌。这座建于17世纪的老城，保存依然完好，城内的建筑大多都有着黄色的墙面，老城里随着山丘高低起伏的小巷，让闲逛变得充满了乐趣。

每到一座城，总要带走一些当地的特产。法国人对甜食的偏爱，正对我的胃口。糖渍水果和尼斯巧克力店是一定要逛一逛的。在萨雷亚林荫道的Maison Auer是当地知名的糖渍水果店。糖渍水果，是最能代表尼斯的一种味道。将精挑细选的橘子、桃子、无花果、樱桃等水果，去皮后浸在糖水中，水果的水分慢慢被糖分取代，看上去晶莹剔透，吃上去甜而不腻，泡茶的时候来上一颗，既甘甜又爽口。

深受尼斯人欢迎的"尼斯石头"可不是真正的石头，是一种形状类似卵石模样的巧克力糖，有的是咖啡内馅，有的裹上糖粉，还有的会涂上彩色的糖衣，但是一定都做成石头的模样，与尼斯非常著名的英国人散步大道下铺的鹅卵石很像，这也算是尼斯的标志之一吧。

除了糖果，尼斯也盛产世界上顶级的橄榄油。糖果店的店主推荐我，一定要去附近的Nicolas Alziari橄榄油店去选一选。这家百年老店，从1868年就成立了橄榄油作坊，历经五代人的努力，橄榄油的品质一直都很有保证。在这里，可以买到最新鲜的橄榄油，还能买到橄榄油制成的香皂，还可以现场品尝醇香的橄榄油。我去的时候店里挤满了客人，店员依然热情的招呼了我，当然，我也是收获颇丰哦！

旧市区中心的小吃店里有南方风味的尼斯名产——"索卡"，这是一种以豆粉、橄榄油搓成的烧烤大薄饼，街上卖索卡的老妇人总是神采奕奕地招呼"快来买哟"，还会和前来购买的人们闲话家常。

美术尼斯，探访夏加尔博物馆和马蒂斯博物馆

沿街往南，有一座典型哥特式建筑的圣母院，这里很热闹，人群稍显密集，还有街头小提琴家在现场演奏，用音乐打动路人。他陶醉地闭着眼睛，忘情地演奏音乐，仿佛并不是为了赚钱才来到这里。我陶醉于他的状态，将硬币悄悄放在小提琴盒子里，街头艺人并不会向投币的人致敬，依然沉醉在自己演奏的乐曲里。

尼斯的美术馆和博物馆很多，最著名的是夏加尔博物馆和马蒂斯博物馆。夏加尔博物馆离尼斯火车站很近，里面主要收藏了俄国犹太裔艺术家夏加尔的画作。由于成立博物馆的时候，夏加尔依然在世，所以这座博物馆完全按照画家本人的理念进行设计。这里展示的夏加尔作品

第一章　尼斯·传说中的阳光圣地

主要以《旧约》为题材，按照年代进行排列。画作中的亚当、夏娃、动物、花朵都融合了自己的创作元素，充满了瑰丽的幻想。博物馆虽然不大，也吸引了很多世界各地的游客，夏加尔的画作里常常有天使出现，这些都是他在法国生活多年，受天主教感染所致，我认为，画作的风格更像是画家在记录自己的生活。

从夏加尔博物馆搭乘免费的巴士，很快我又来到了马蒂斯博物馆。读书的时候，我的一位好友在校园里以擅长野兽派画作而小有名气，亨利·马蒂斯正是一位知名的野兽派大师。博物馆位于西米耶山丘上，是一栋17世纪的热那亚大厦，极具幻觉主义装饰风格。马蒂斯的作品，透露着一种自由不羁的风格，也许这就是他的个性，也被视为对古典主义的背叛。蔚蓝海岸的阳光赋予了马蒂斯创作的灵感，他在这里生活了很多年，现在的马蒂斯博物馆里，也刻意布置成了马蒂斯工作时的样子，马蒂斯不同时期的作品许多收藏于此，包括236幅素描、57件雕塑、218

第一章　尼斯·传说中的阳光圣地

件雕刻以及由他设计插画的全套书籍。他的第一幅画《书的静物画》和最出名的《蓝色裸体4号》画作在这座博物馆里都能找到。

饕餮尼斯，在CAFE DE TURIN品尝海鲜

作为一名地道的吃货，我虽不敢自称老饕，但是对于美食还是具备一定的鉴赏水准。法国大餐向来出名，马赛鱼汤、鳕鱼干、鹰嘴豆粉烤薄饼、洋葱凤尾鱼酱比萨，都是尼斯当地有名的美食，但是这次来到尼斯，我却受到另一种别样风味的吸引。

在如此美丽的海滨城市当然要吃海鲜。CAFÉ DE TIRIN，尼斯当地人最爱的地道海鲜餐厅，也是被人们公认的最棒的海鲜餐厅。据说，CAFÉ DE TIRIN餐厅已经有200年的历史，当地人最爱在这里吃新鲜打捞的海鲜。禁受不住诱惑，我跳上出租车，向着美食出发。

CAFÉ DE TIRIN餐厅坐落在Garibaldi广场的一角，不是很好找，店面也并不显眼。与传统意义上浪漫优雅的法国餐厅不同，CAFÉ DE TIRIN餐厅给我的第一印象，更有些中国海鲜大排档的气氛。从澳大利亚龙虾到加拿大龙虾，从大西洋肉蟹到海螺、生蚝、牡蛎，甚至许多不知道名字的海鲜整齐地摆在一个个餐盘中，餐盘上标明价格，鲜活的海鲜让我忍不住食指大动。当时我暗自庆幸，好在我不怕腥味，也不会海鲜过敏，否则，白白错过了这大好的美食。

店门口密密麻麻地摆满了餐桌和椅子，数量虽多却不失整洁。赶上午餐时间，店里客人很多，好不容易在店门口找到了一个有荫凉的位子。

我学着其他人的样子，点了一份海鲜拼盘、半打生蚝、一份用当地香草煮过的海虹和一杯店里特供的葡萄酒。第一次体验法国的海鲜大餐，果然名不虚传，几乎所有的海鲜都是新鲜打捞的，烹饪很简单，甚至有些根本不需要烹饪，蘸上佐料就可以吃，生蚝很新鲜，海虹味道也很甜美。看到我吃海胆笨手笨脚的样子，连服务生也好心过来教我吃法，看来法国人的热情和友好真是名不虚传。作为回报，我也悄悄增加了小费的金额。在尼斯的第一餐吃得如此完美、如此简单却又如此丰盛，在尼斯，任美味在舌尖绽放，也是一种幸福。

第一章 尼斯·传说中的阳光圣地

蔚蓝尼斯,问候天使湾

搭电车去天使湾的路上,路过一座广场,当地人说,这是尼斯最出名、最宏伟的马塞纳广场,从这里步行就可到达天使湾。听到这里,我果断下车,想去见识一下这座集中销售世界知名品牌商品的广场。

广场被一群富丽堂皇的红色建筑围绕,中心的大型喷泉特别吸引眼球,到了下午还有很多街头艺人的表演。无数高档酒店、精品店、餐厅,以及250多家品牌专卖店都在此经营,还有一家知名的法国大型百货商场——拉法叶百货。我在广场上坐了很久,吹着阵阵微风,真的不想走。好在,天使湾的吸引力足够大,抬起脚步,继续前行。

一路步行,眼前出现的正对海岸的大道,就是著名的英国人散步大道。关于这个名字,当然有一定的由来。1820年,住在尼斯的英国侨民,集体募捐修成了这条大道,英国维多利亚女皇之子——卡诺特公爵为大道起了这个名字。走在这条路上,我终于知道为什么英国人喜欢在这条大道上散步。整条英国人散步大道沿途风光明媚,当地人在大道上跑步、遛狗、闲谈,悠闲惬意。两旁种满鲜花,一直伴着我来到了蔚蓝的尼斯天使湾。

刚到尼斯的时候,我曾经向当地人打听这里有哪些旅游景点,人们指着蔚蓝的大海和蓝天告诉我,尼斯本身就是最美的景区。

无论太阳东升或是西落,尼斯都给人沉静祥和的感觉。刚一走近天使湾,我就被那一片摄人心魄的蓝色彻底震撼了,如新月般美丽的弧线,像天鹅绒般铺展开来的纯净的蓝色,星星点点的白帆镶嵌在海面,无一不在触动我的心弦。

尼斯三面环山,一面环海,海湾的弧形仿佛用圆规画成的一样完美,两边的尖端遥遥相对,就像一双拥抱大海的手,也像天使身上的一双翅膀。有人说,这就是天使湾名字的由来。也有人告诉我,传说曾有

一位天使飘然落脚在海边,天使湾由此得名,这里的确如天使般美丽纯净,浪漫美好。

正是旅游旺季,海边有些喧闹,但丝毫不影响我对这片大自然恩赐的海天福地的欣赏。天空中从云朵的缝隙透下阵阵晨光,反射在海面上金光闪闪,小朵的浪花温柔地一下下席卷着海滩,浪花从白色、浅蓝、天蓝、蔚蓝、一直过渡到海中的黑蓝色,浪花平静时,海面又仿佛与远处的渔船融为一体,形成了一幅镜泊画卷。

严格来讲,尼斯的海滩并不算细腻,甚至有很多砂石,但是丝毫不影响身着比基尼的美女躺在海边享受日光浴,年轻的情侣趴在沙滩上晒太阳,上了年纪的老者在海边静静地独坐,享受轻松的时光,当地人带着爱犬在海边漫步,吹着海风,享受悠闲。天使湾广场中央树立着一座白色的塔,顶端塑立着青铜雕塑的天使,这就是天使湾的标志。

这是一座古朴与浪漫、精致与粗犷相融合的城市,天使湾就是这个城市绘就出的唯美画卷。

不知不觉逛到傍晚,到了晚餐时间。受当地人的推荐,我来到了位于尼斯市中心拉法叶百货公司附近的Brasserie Flo(福楼法餐厅),这里最大的噱头是巨大的厨房位于红色的帷幕后面,并用落地玻璃与用餐的座位隔开。这里的海鲜相当著名,还有法国人都非常喜爱的甜点。

接受服务生的推荐,我选择了生蚝作为前菜,主菜选择了芥末蛋黄酱鲷鱼,又选择了淋上巧克力鲜奶油的李子干作为餐后甜品,当然,尼斯的沙拉必不可少,它采用新鲜的时令蔬菜,如番茄、洋葱、黄瓜、蚕豆等,再加上黑橄榄、白煮蛋、大蒜、鱼类,最后撒上橄榄油和切碎的罗勒等香料,鲜脆爽口。餐后当然不会忘了留给服务生的小费,我用美食庆祝独处的快乐。

维勒弗朗什·摩纳哥王储度假的天堂

在尼斯与摩纳哥之间费拉角半岛的山坡上,有一座如画般的蔚蓝海岸小镇。红色的陶制瓦屋顶、湛蓝的地中海,以及远处海中的白色风帆,是地中海风光中最经典的画面。这里曾经是中世纪的要塞,在这里可以眺望费拉角半岛的绝佳风景。

这里就是维勒弗朗什,当地人口中的滨海自由城,也是我此行的下一站目的地,维勒弗朗什距离尼斯仅仅8.3公里,是著名的旅游城市,很多游客对这座小镇并不熟悉,在一个阳光照耀的清晨,我向这里继续前行。

滨海自由城,一路向东

一路向东,可以继续远眺蓝色海岸,不仅是海水蔚蓝如画,连天空都蓝得不掺一丝杂色。据说在法国,城区里居住的富人很少,而越向郊区前进,居住的富人越来越多。滨海公路沿线上,富人居住的豪宅数不胜数,打开窗就能近距离欣赏美丽的海景,在中国大都市生活的我,不禁萌生了隐居的想法。

旅游手册上说,维勒弗朗什是法国普罗旺斯—阿尔卑斯—蓝色海岸大区滨海阿尔卑斯省的一个市镇,从1295年起,这座小镇就坐落在山脚下，整个小镇的房子都是红色的屋顶，因此也被称作红瓦镇。

这里拥有的天然海湾，是地中海所有港口之中最深的海港，可供大型船只停泊。每年夏天，就会有像皇家加勒比游轮这样的豪华游轮，满载游客在这里停泊。

尼斯通往Villefranche的公路依山而建，右边就是蔚蓝海岸，看着美丽的海景，心情也随之飘进这如画的风景里。不知不觉，小镇逐渐出现在眼前。

色彩自由城 感受童趣

Villefranche这座位于法国南部的小渔港，因一部被称为史上最受欢迎的浪漫电影《金玉盟》而闻名国际。相比于尼斯的繁华，这里多了一分幽静的美。小镇里面，每一座房屋都有不同的颜色，粉红色、浅蓝色、鹅黄色……全部都是依山而建，色彩缤纷的感觉，好像小时候用彩色积木搭起的房子，充满了童趣。小镇不大，与其说是街道，不如说是小巷。码头附近集中了许多商店和餐厅，全部是彩色墙面，在阳光的照耀下，既美丽，又浪漫。

小镇不大，不到五万平方公里，景点也不多，向导告诉我，法国的艺术气息不止存在于巴黎那样的大都市，即使像Villefranche这样的小渔港，艺术的氛围也无处不在。在向导的指引下，我们来到老城区的中心地带，意大利巴洛克风格的圣米歇尔大教堂就坐落在此。向导说，来到这里的游客，都会来到这座建于18世纪50年代的教堂瞻仰一番。这是一座被列入法国历史遗迹的建筑，与其说是一个教堂，更像是一座艺术作品的展览馆。教堂内部，拥有大型的"圣迈克尔"主祭坛画、横卧的基督雕塑、建于1970年的彩瓷圣洛的木质雕像等等艺术杰作，不愧被人称为色彩缤纷的艺术之城。同行的一名游客告诉我,教堂在1957年翻修之后,增加了科克托描绘圣人及当地渔民生活的壁画,更是促进了圣米歇尔教堂被列入法国史迹的进度。

走出教堂,向导告诉我,摩纳哥的王储曾经度假于此,并且对这里的碧海蓝天、气候环境赞叹不已,称这里是人间的度假天堂。而说到摩纳哥王储,这里还有一处必去的景点——格拉斯·凯莉(Grace·kelly)纪念碑,她曾是美国60年代的传奇女星,却在事业巅峰之时和摩纳哥亲王闪电结婚,1982年,在和女儿出游的途中,在路上发生车祸意外丧生,她高贵优雅的形象和平易近人的态度广受摩纳哥人爱戴,尊称她为"永远的王妃"。

墓碑就在一处山顶海滨路的路边,此处也是当年车祸发生的地点。格拉斯·凯莉(Grace·kelly)的头像雕刻在长方形的浅灰色墓碑之上,一个曾经风华绝代的影明星,一个受到国民爱戴的王妃,将她光彩夺目的容貌和绚丽多彩的人生永远地留在了这里,也许她来到人间只是一出唯美的童话,美轮美奂的活了一生,最后的死亡也许就是童话的结局,想到此,似乎也就不那么让人伤感了。

港湾自由城,度假天堂

不见识一下Villefranche(维勒弗朗什)的海港,很难体会为什么这里被摩纳哥王储称为度假天堂。这里是法国最大的游轮港口,因为有美丽的沙滩,所以这里也被称为地中海最美的港湾。

海滩找起来还有些隐蔽,维勒弗朗什的一大特色是火车铁轨沿海而建,而海滩就背靠着尼斯到摩纳哥的铁路,铁路沿线的石头墙上开满了鲜花,法国的浪漫无处不在,如此优美又隐秘的场所,难怪被人们称为天堂。在我眼中看来，更有些陶渊明笔下世外桃源的意境。

从高处俯瞰下去，靠近海岸的海水颜色有些碧绿，好像在蓝色的墨水里滴进了一滴墨绿色的颜料，随着海水逐渐晕染，最后与蔚蓝的海水融为一体。海面上点点白帆密布，与沙滩上的五颜六色形成鲜明的对比，各种颜色的太阳伞遍布沙滩，身着五颜六色泳衣的人们遍布其中，无论大人、小孩还是老者，在海水中尽情嬉闹，此情此景，真的容易让人忘了归路，也不敢回归，生怕像《桃花源记》的主人公一样，一转头就再也找不到来路。

鹰巢埃兹，峭壁城堡

建筑能够体现一座城市的历史，法国最美丽的鹰巢村——埃兹，风光美丽而奇特。由于它像鹰巢一样悬挂在429米高的悬崖峭壁上，因此它也成了法国最著名的一个村落。

埃兹位于尼斯与摩纳哥之间，为了方便，我们选择了租车前往。一路非常通畅，十几分钟就来到了埃兹所在的山脚下。远远望去，山顶上的村庄外面，为了防止外敌入侵而修筑的城墙，保存依然完好。

埃兹是收费才可以进入的，门票不贵，只有几欧元。仰头看去，眼前仿佛浮现古时的埃兹村人用牲口驮着货物，一步一步艰难地拉上石阶，耳边仿佛听到牲口脖子上的铃铛随着上山的脚步叮当作响。是的，这是一座名副其实的山村，出入村庄的路全部由石阶砌成，直到如今，村里面的商家也要靠最原始的方式搬运货物。

村庄被清晨的阳光晕染上一层淡金色，无论从哪个角度看，都比风景画要漂亮许多。也许千百年前，住在村子里面的人们苦于无法了解外面的世界，而今天，外面的人们又收起浮躁的情绪，前来探访这古朴的

第一章　尼斯·传说中的阳光圣地

村落。

　　村子的入口处，有一座建于14世纪的拱门，是抵御外来入侵的第一道屏障，经过了历史的洗礼，拱门已经非常残破。进了城门，有一个小广场连接主路，道路全部用红砖铺成，路很窄，仅能让一个人自由地通过。沿着狭窄的小巷向山顶走去，两旁的民居依山而建，中世纪风格的石砖、石墙、石阶，朴素的铁栏杆和路灯，房子的院墙上爬满了爬山虎、玫瑰花和茉莉花，仿佛让我穿越到了童话中的城堡。

　　这里的居民大多已经搬走，埃兹村几乎成了一个旅游景点，很多当地特色的纪念品商店和咖啡店，就是由原来的民居改造而成。店铺里陈列的商品充满当地特色，古朴的民风和原始的生活气息被完好地保留了下来。

哲学埃兹,踏上尼采小路

从山脚下到半山腰有条小路,尼采在1883年到1884年之间经常往返于此,从沿途的景色中得到诸多灵感,写出了著名的《查拉图斯特拉如是说》中的第三部,"尼采小路"因此而得名。从尼采小路向下可以眺望到宽阔的海景,难怪尼采当年如此钟爱这里,连续走上七八个小时也不觉得累。

继续前行,圣母升天教堂呈现在眼前,这是一座巴洛克风格的教堂,教堂里有一座雕像,传说是为了纪念古埃及的母性和生育女神,也就是来自埃及的一位名叫Isis的女神,而埃兹的名字,也起源于此。

教堂旁边有一处公墓,埋葬着法国著名的喜剧演员佛朗西斯·布兰奇。向导告诉我,这位喜剧大师生前有许多深受法国人民喜爱的影视作

品，同时也是一位作家，只可惜20世纪70年代就已长眠于此。我对这位大师并不熟悉，但我依然怀着尊敬向这位艺术家鞠躬致意。

城堡酒店，亲临童话

在埃兹的半山腰上，有一座红顶的石头房子，瑞典的威廉王子从1923年到1953年一直居住于此，难怪这里处处充满了童话中城堡的气息。童话中说，最后王子和公主幸福地生活在一起，想必这里就是童话故事的延续吧。如今，这里已经被改造成了一个精品酒店，也就是著名的艾查城堡酒店。石头拱门外，摆着一副骑士铠甲，不知道当年有没有王子的卫兵穿着它贴身守护王子的安危。酒店内部，木质旧地板，水晶吊灯，石头壁炉，处处透着古典和高雅。餐厅里的布置，充分体现了法国人的优雅和精致，服务员统一穿着黑西装，打着领结，想必这里的法国大餐，也是一样的精致和美味。

餐厅外有个对着大海的露台，为了配合此情此景，我点了一杯法国红酒在露台边慢慢享用，侍应生用熟练的动作在杯中为我斟酒，法国红酒的香气瞬间在空气中四溢。餐厅里飘扬着古典的音乐。此刻，我享受着美酒，在露台上俯瞰大海，写下现在的文字。这样的惬意，难怪威廉王子在这里一住就是三十年。

服务生告诉我们，不要看这里只是一个古旧的山村，许多游客不远万里，特意来到这里住上一晚，为的就是枕着海浪声入睡，在露台上慵懒地一边晒太阳一边吃早餐，我几乎已经被侍者的话语打动，真想好好地感受一下法国的城堡风情。只是，即使天堂，时间也会过去，为了后面的行程，我只好继续前行。

与艾查城堡一样属于法国最高4颗星等级饭店的金山羊城堡酒店，

也坐落于此。传说，著名的小提琴家巴洛科维奇在1923年第一次来到埃兹时，遇见了一只全身长满金色绒毛的山羊，山羊将他引领到一间农舍前。他坚持认为这是神的旨意，于是买下这间农舍，改建成现在的金山羊城堡。1953年，这里又被改建成豪华酒店，几十年来，许多名人的到访使金山羊城堡酒店名声大噪，据说要在这里的享受一晚，费用也高得惊人，每晚的房价高达350欧元以上。

花园埃兹，遇见异域植物

走到山的顶端，能看到一个热带花园。里面聚集了龙舌兰、芦荟、仙人掌等数百种来自美洲和非洲奇异植物，一年四季都有植物可供欣

赏。其间点缀着一些洁白的女神雕塑，姿态柔美，温婉多情。守护花园的花匠告诉我们，之所以不种植娇嫩的花草，是因为石头山缺少水源，花草也禁不住日光暴晒，而这些耐旱的多肉植物，更为埃兹增添了不少异国情调。这里不仅是美丽的植物花园，也是俯瞰蔚蓝海岸线的绝佳场所。

从山顶向下俯瞰，大片红瓦白墙的民居错落有致，刚刚路过的教堂也只能看到顶端。顺着主路走到村子的中心——地球广场，一座类似人形的罗马式小喷泉悄悄地站立在广场边，沿途的礼品店非常具有当地特色，也有一些艺术品店展览并出售绘画和雕塑作品。

人们喜欢在美景中伤怀，我喜欢在美景中畅想。时光流转，现实改变了世界的模样，却依然保留着埃兹古村最质朴的本色。在这里，时光仿佛已经静止，古朴，就是这里最标志的符号。

戛纳·一个蜚声全球的文化驿站

多年前,我不富有,但是热爱行走。由于经济原因,错了许多浪漫但遥远的风景。只好在图书馆里一遍遍翻阅心目中的圣地,也经常会枕着一本旅游书籍不知不觉地睡着。现在,我要弥补多年来对自己的亏欠,用身体去感受曾经差点遗失的美好。

出发之前,我已经决定好要做一个标准的游客,普罗旺斯的每一处景致都不要错过。想更好地体验南法的时尚和文化气息,还有比戛纳更好的选择吗?

戛纳总是让人想起红毯、沙滩、游艇、奢侈品,虽然只是一个小市镇,戛纳却因每年5月举行的"戛纳电影节"而闻名世界。这里有明媚的阳光,温和的气候,蔚蓝的海水,吸引了无数国际社交名流在此集会。

旅行手册上记载,1834年,英国勋爵布鲁厄姆途径法国,由于霍乱爆发,边界封锁,不得以滞留在了当时只是小渔村的戛纳。在此期间,他惊讶于戛纳丰富的物产和天堂般的美景,决定在此建造自己的别墅。此举引起了上流社会的广泛好奇,雨果、毕加索等达官贵人和社会名流们纷纷到这里度假。从那时起,戛纳就因为气候宜人,成为欧洲人冬日度假的首选之地,连英女皇维多利亚也曾来此避寒。来自欧洲的各界上流人士在戛纳开始互相攀比,逐渐带动了戛纳的经济发展。直到维多利亚女皇的儿子·爱德华七世当政,戛纳从此进入全盛时期,时髦的聚会、新起的建筑,让戛纳这座曾经的渔村拥有了说不尽的繁华和纸醉金迷。

天堂戛纳,白色楼房和绿色棕榈树

我对阳光有一种近乎偏执的热爱,老天似乎尤其偏爱戛纳,给了它终年明媚的阳光,全年都有繁花盛开。这里的楼房大多是白色,蓝色的大海与一排排翠绿色生机勃勃的棕榈树映衬在一起,构成了一派唯美的地中海风光,海风吹来时,棕榈树的大叶子随风轻摆,把南法的风光展示得淋漓尽致。看来戛纳电影节的大奖命名为"金棕榈奖"真的是再合适不过。

这是一个几乎一年到头都在举办国际会展的城市,除了2月的金合欢节,5月举世瞩目的戛纳国际电影节,另外还有国际赛船节、国际音乐唱片节、含羞草节等。几乎任何季节,戛纳都会举办大型活动。但是在空档期,戛纳又变成了一个安静的城市。老人们喜欢在海边晒太阳、看报纸、聊天,根本考虑任何有关生计的问题。

步行戛纳,闲逛旧城区苏给

距离戛纳火车站步行十分钟左右,就是戛纳的旧城区苏给。当地人讲,这里是散步休闲的好地方。到了那里我发现,逛起来的感觉有些像国内的步行街,只不过店面的装潢风格、销售的商品明显带有法国的浪漫和格调。精致的时装店、鞋店、鲜花店遍布街路两旁,一向注重情调的法国人,当然少不了许多卖酒的店铺。路旁的民房有些旧,里面住着当地的渔民。苏给这个名字,意思就是普罗旺斯的一种渔场。当地人拖着卖菜的小车沿街叫卖,很有些居家和慵懒的味道。

普罗旺斯·捕捉浪漫的故事

影城戛纳，追寻大腕的手印

每年5月举办的戛纳电影节，是全球电影业的重要盛会，被誉为"电影界的奥运会"。如果有幸在电影节期间来到戛纳，会看到著名的海滨大道和沙滩上云集着来自各地的美女，有些是追随自己的心仪偶像而来，有些则是希望被星探或导演发掘，一圆明星梦。可惜我来的时间不对，虽然少了云集的影视明星，但是更能在安静中好好地领略戛纳的影城风情。

走在戛纳街头，电影的元素随处可见，CINEMA CANNES，12个硕大的字母的墙画伫立在戛纳影城，很容易让人们想到洛杉矶山顶伫立的"HOLLYWOOD"（好莱坞）。画面上有一群电影工作者在各自忙碌，摄像师坐在摇臂上掌控画面，音响师高高举着手中的收音棒，灯光

第一章 尼斯·传说中的阳光圣地

师在调整光线的强弱,卓别林、蝙蝠侠等表演大师或经典角色在画面中继续表演着剧情。

来到戛纳,电影节的主会场——影节宫是必须要去的一处景点。影节宫就坐落在海滩和老港之间,外观设计和内部设施极具现代感。

影节宫前的步行道上,有全世界著名演员和导演留下的手印:梅格·瑞恩、王家卫、陈凯歌、布鲁斯·威利斯等诸多国际大腕都在此留下了自己的印记。游人们都在低头仔细寻找自己的偶像并拍照留念。我仔细地寻找了半天,并没有找到我熟悉的签名,不免有些遗憾。在影节宫前面的花园和广场上,还有很多电影人物的广告牌,头部被掏空,供游人拍照。

由于不是电影节期间,在这里很难看到知名的影星,不过,自己站在红毯上,仿佛众星捧月般给自己留张影像,闭上眼睛,假装周围闪光灯不停闪烁,感觉也是蛮不错的。

　　据说,影节宫的里面,有超大的观影厅和一流的音响设备,除了在电影节期间作为主会场,还可以供各种会议使用。向导悄悄告诉我,这里面还开设了赌场,主要为了吸引游客的光顾。

小镇戛纳,街头的行为艺术

　　作为时尚聚集地,怎么能少了名牌店铺?小镇上的名牌商业街,集合着所有时下最流行的时尚元素。沿着小镇的一条小巷往山顶走,沿途有许多咖啡店和礼品店。建筑外墙的颜色跳跃又温暖,得益于戛纳的好天气,一些咖啡店甚至干脆把桌椅摆在巷子里,小巷、阳光、墙上的彩色花卉和绿色叶子、桌子上的白色餐布,眼前的画面,比明信片上的风景还要美好。真想就此停留,从此在这里老去。

　　不出乎我的意料,在戛纳小镇的广场前、街道旁、教堂门口,都会看到欧洲独有的一种文化——行为艺术。行为艺术家们有着奇特的装扮,有些脸上和全身都涂满油彩假扮雕塑,他们摆成各种各样的姿势,然后一动不动,只要你在他们面前的篮子里投进硬币,他们马上"复活"了过来,或是为你跳舞,或是对你微笑,也可以与你合影。我有幸与剪刀手爱德华的装扮者来了一张亲密合影。他们的装扮不是简单随意的,而是处处体现着欧洲的历史、宗教和文化。有些人装扮成历史人物,有些人是神话人物,有些则是知名雕塑,街头艺术家们的表演,为往来的游人们带来了另外一种艺术享受。

日光戛纳，海滩上的比基尼美女

如果说巴黎是一个时尚的美女，那戛纳就是一个典雅迷人的女神。有人说，戛纳既是过冬的胜地，又是避暑的天堂。因为这里夏天有凉爽的海风，冬天还有和煦的阳光。我来的时候正值夏天，沙滩上躺着许多前来避暑的人们，穿着比基尼泳衣的美女，尽情展示着不同的肤色，享受着日光浴，那些有着迷人面部棱角的蓝眼睛帅哥们，赤裸着上身露出健硕的肌肉在海边尽情奔跑嬉闹，更为这片海滩增添了魅惑的点缀。

在戛纳的海边，人们大多都是直接脱了衣服就躺在地上晒太阳，根本不需要烦琐的更衣间，晒日光浴的人们，脸上写满了享受的神情，很多欧洲人更加欣赏古铜色的肤色，戛纳的日光正好能起到均匀地、慢慢地晒黑的效果。

看多了尼斯的砂石海滩，相比之下，戛纳的白色沙滩才真正有了日光浴天堂味道。海水的颜色似乎比尼斯稍浅了一些，更接近天蓝色，洁白的浪花一阵一阵拍打上来，把沙滩整理得光洁平整。海边的躺椅统一配备了柠檬黄色的遮阳伞，与蔚蓝的海水搭配在一起，形成了既复古又时尚的撞色，很是好看。人们躺在太阳椅上，完全沉浸在地中海的夏日里，沿着海滩，还有许多小咖啡馆和餐厅的粉红色桌椅，在阳光下透出浪漫的风光，还有一些钓鱼的老者，把这里当作垂钓的乐园。

海滨大道非常宽阔，一侧是海滩，另一侧遍布雅致的酒店建筑。向导告诉我，很多酒店的建筑是20世纪就存在的古董建筑，内部装修完整地保留了20世纪的南法风格。而豪华的现代化五星级酒店，则是一些新建的现代化楼房，建筑非常华丽，说是皇宫也不为过。

美酒戛纳，品味地中海

总是有人将中国菜和法国菜放在一起媲美，法式大餐的特点是慢，但是更好地体现了法国人崇尚艺术的热情，除了将食物做成艺术品，连餐桌的布置也处处彰显精美。桌上一定要放上鲜花和蜡烛，还有精美的酒杯，在美酒的映衬下，似乎连最普通的食材也让人垂涎欲滴。

向导带我来到了当地一家具有150年历史的老餐厅，这里能烹饪出最地道的普罗旺斯美食——香芹蒜泥炸花枝、碎马铃薯石斑鱼，以及地中海的海鲜。这里的海鲜好吃得没话说，秘诀在于炖煮时，用了当地特产的一种白葡萄酒，但是又丝毫尝不出酒味，只能尝到最美味的鲜香。

法国南部的葡萄酒全球闻名，这里的天气和土壤，能够种出最适合酿酒的葡萄品种，每一餐都少不了葡萄酒的搭配，红肉配红酒，白肉配白酒，气味香澈，葡萄的一切净化都凝聚了酒里。除了用餐时喝酒，连餐后都有温和的餐后酒，越喝越有味道，很容易让人上瘾，我也因此有了飘飘欲仙的感觉。

还没离开，心中已经有了诸多不舍，希望时间能再慢一些，多停留一秒。

一次步入戛纳，终将回忆一生。

摩纳哥·亲临国中国

全世界国民平均收入最高的国家——摩纳哥，是我的下一站目的地。从地图上看，我最初以为摩纳哥是法国的一个领地，仔细查阅资料才发现，摩纳哥竟然是一个独立的国家，只不过东、西、北三面全被法国围绕，因此，成了独特的"国中国"。虽然是世界上第二小的国家，只有1.95平方公里，但是这里的豪华和富裕程度，在世界上却是数一数二的。

奢华摩纳哥，豪华饭店与海滩

初见摩纳哥，第一印象是一座座高贵又典雅的房子，法式风格的建筑，既高贵，又大气。楼与楼之间穿插着小花园，日照、采光、景观都非常好。由于天价般的房价，想在摩纳哥买一栋房子，几乎等于天方夜谭，如果仅仅想在摩纳哥住上一夜，感受地中海风情的一夜奢华，那么，这里有很多豪华的星级酒店可供选择。比如最传奇的巴黎大饭店，连维多利亚女王都是这里的贵宾，更不用说众多好莱坞的明星大咖，经常出入于此。

如此奢华的国度，当然不会缺少美食。法国著名的厨师们都会在这里开设餐馆。人们随处可以享受到豪华的法式大餐。

摩纳哥属于典型的地中海气候，每年有300多天的阳光普照。海面上几乎没有风，碧海蓝天下的一切景致都美得很纯粹。海鸥在海上盘旋，水中倒映着蓝天白云，对岸就能远眺意大利。港口上整齐停放着一排排的豪华游艇，我一直在想，说不定这里的港口是世界上同时停靠豪华游艇最多的地方。

贵族摩纳哥，参拜亲王宫

来到摩纳哥，一定要见识一下摩纳哥王宫，它也被誉为摩纳哥百年传统守护神的王宫。王宫的外墙是淡黄色的，更像是一座豪宅。墙外整齐排列着一排青铜大炮，充分显示了皇宫的威严。皇宫外国王禁卫军在岗楼里站岗，身着白色制服的士兵扛着机枪在巡逻，奇怪的是，巡逻的队伍只有一个人，看来摩纳哥的治安真的是好得可以。

王宫外面有一层层的宫门把守。想要进去参观，就要从"之"字形的阶梯攀登上去，穿过一层层宫门，直到最高处，才能来到王宫的所在地。

摩纳哥王宫一半是王室的住所和办公场所，另一半则是一个博物馆。王宫内部布置得富丽堂皇，外宾接待室、瓷器室、图书室、宴会厅、红厅、蓝厅、东大厅都有各自的风格。金银器陈列室里陈列着英、法式的金银餐具，十分精美。

在王宫里游览一圈，仿佛从中世纪的教皇时期一路穿越到拿破仑战争年代，几个世纪的历史呈现眼前，让我不禁感慨，再多的荣耀也不过是弹指一挥间。

摩纳哥名字的由来，还有一段传奇的神话。据希腊神话记载，大力士海格力斯曾路过这里，因此，人们建立了一座神殿，用来祭祀海格力

第一章 尼斯·传说中的阳光圣地

斯,称为Monoikos,这个词语在希腊语中被翻译成"独栋的房屋"或"神殿",因此逐渐转变成了摩纳哥的地名。

通过最后一道门,就来到了王宫广场。从公元1927年起,摩纳哥就处于格里马尔迪家族的统治下,因此,在广场上,一座弗朗索瓦·格里马尔迪的雕像伫立于此。

王宫广场,被誉为欣赏摩纳哥全景的最佳地点,在东北侧,可以看到蒙特卡罗港;在西南侧,可以将峰威区和大蒜角的风光尽收眼底。

据向导介绍,当摩纳哥的国王出行时,在摩纳哥王宫前的王宫广场上,会举行盛大的国王仪仗队换岗仪式,但并不是每天举行,所以不是每个游客都有机会看到。换岗仪式在正午举行,11点30分左右,搭乘有国王仪仗队的客车，驶进王宫广场，全部下车列队，警察拉起警戒线维护秩序，11点55分，国王仪仗队员伴着鼓声，迈着整齐的步伐，从远处走来，与正门中走出的仪仗队员进行换岗，整个过程更像是一场经过严格彩排的表演。

彩色摩纳哥，异国植物园和海洋博物馆

摩纳哥的异国植物园是沿着山壁建起来的，种植着世界上不同品种、不同形状的仙人掌，仿佛一座仙人掌王国。由于没有赶上"仙人掌世界博览会"，游人不多，简单逛了一下，我直奔下一站——海洋博物馆。

第一章　尼斯·传说中的阳光圣地

摩纳哥海洋博物馆是世界上建造最早的海洋博物馆,来到这里后发现,海洋馆其实并不大,透过正厅的巨型玻璃,可以看到里面陈列的各个年代的渔船模型和鱼骨标本,连捕鱼的工具都可以见到。颜色鲜艳的观赏鱼在海洋馆里游来游去,还有许多没见过的大型海洋生物,如1.9米长的大海鳗、各种水母,好像来到了电影《少年派的奇幻漂流》里的场景。

文化摩纳哥，赏玩偶，听歌剧

国家博物馆收藏的玩偶，是摩纳哥的又一个精彩之处。400多个美好年代时期的玩偶收藏于此，20世纪的贵妇Madeleine de Galea，提供了娃娃们住的全部迷你房间，以及使用的全部迷你器具，她的肖像也悬挂在博物馆中，是由著名的印象派大师雷诺阿所做。小小的玩偶都可以收藏到极致，如此精致的生活，想必是很多女孩都会憧憬的吧。

蒙特卡洛大剧院是摩纳哥非常著名的一处景点，成立于1879年，当时的观众大多是当地的贵族。歌剧院前的广场上，停放着很多豪车，歌剧院的外观，看上去像一个小城堡，从成立之初，每年都会有各种剧目在这里上演，可以说是一座艺术的殿堂。

赌城摩纳哥，蒙特卡洛大赌场

摩纳哥是一座纸醉金迷的国度，拥有世界上最大的豪华赌场——蒙特卡洛大赌场。从1863年建立至今，蒙特卡洛大赌场已经进行了多次翻修，每一次都更加跟上时代的脚步，当然，也更加奢华。赌场内，盛大的晚会和赌局通宵达旦地进行着，参与者大多是世界名流和商界巨贾。赌场的建筑完全采用宫殿式风格，比摩纳哥亲王宫更像皇宫。赌城门外，法拉利、凯迪拉克、劳斯莱斯、奔驰、宝马……名车云集，门口有警卫森严把守。

花上十欧元进到赌城内部，里面同样很气派，漆着油画的天花板、有着钻石光泽的水晶吊灯、穿着礼服的侍者，还真的像是进入了宫殿。进到真正的赌场内侧，我发现并不像电视里看到的赌城那样嘈杂，而且井然有序，有些过于安静。

第一章　尼斯·传说中的阳光圣地

　　从赌场前一路散步，不知不觉走到了世界著名的F1赛道。因为这里举行的世界著名的摩纳哥F1方程式赛车大赛，以及世界著名四大赛道之一的蒙特卡洛街面赛道，吸引了来自世界各地的赛车爱好者纷纷云集于此。回想在电视里看到的赛车场景，狭窄曲折的赛道上飞驰的赛车，跟电影《速度与激情》里的场景一样刺激着人们的感官。不过现在不是赛

季，一辆辆赛车整齐地停靠在赛场一侧，非常安静。赛道上留下一道道黑色的车胎印，给赛道增添了一抹别样的美丽。

漫步摩纳哥，呼吸百年咖啡香

赌城、游轮、豪车、酒店，赌城的一幕幕豪华景象轮番刺激了我的眼球，而当走到两三米宽的小街巷时，摩纳哥古朴沉静的一面又呈现在我眼前。小街用一个字就能形容——"老"。几百年历史的老式欧式建筑下，林立着老式的小酒店、小咖啡馆、小商铺，小巷里阵阵飘来咖啡和面包的香气，仿佛已在这里氤氲了几百年。在小巷的商铺里选几张精美的卡片，将这样的异国风情寄回国内，也为此次摩纳哥之行画上完美的句点。

第二章

马赛·一个古典韵味与现代气息交织的海港

马赛曲·在音乐中开启旅程

有人说,热爱旅行的人,总是有些掩藏在记忆深处的情怀。因为一个动作爱上一个人,因为一句台词爱上一部电影,因为一首乐曲爱上一座城……

耳机里奏响着《马赛曲》,一首鼓舞斗志的战斗歌曲,一首对自由的赞歌。越是动乱的年代,越是容易产生好的作品。就像中国的《义勇军进行曲》诞生于日军侵略时期一样,法国的《马赛曲》诞生于1792年的法国大革命期间。

《马赛曲》的作者是鲁热·德·利尔,我曾经在书中看到过有关他的文字。这是一位怀有满腔爱国和革命热忱的工兵上尉,也是一位充满才气的诗人和音乐家。和许多年轻才俊一样,他也拥有着几位至交好友和知音,其中就包括法国斯特拉斯堡市的市长迪特里希。

在1792年的一个冬天,由于战争的侵袭,百姓的家中日渐清贫,连市长家里也只能吃上最简陋的晚餐。市长家里只剩下了最后一瓶藏酒,但是依然举起了酒杯,对众人说:"没有好的食物,不算什么,只要士兵还有斗志,只要市民还有节日的气氛,那么我们就为祖国干杯吧。"市长又对着鲁热·德·利尔说:"市里即将要举行爱国盛典,你应该创作一首乐曲,把人民的战斗热情鼓舞起来。"酒很快被喝完,鲁热·德·利尔的创作热情也在不断地催生滋长，一个个音符在眼前跳跃，一段段旋律在脑海中回想。在酒精的作用下，鲁热·德·利尔沉沉睡去，可是当第二天醒来，昨夜梦中的旋律仿佛将音符刻在了脑海，一气呵成将曲子谱好，他狂奔向市长家中，迫不及待的哼唱给市长听。市长妻子和女儿们也从沉睡中醒来，为他伴奏。刚刚哼唱了一小段，大家就被音乐的铿锵有力的旋律感动得留下了热泪，大家欢呼雀跃，把这首曲子称为《祖国的战歌》。

这首叫作《莱茵军进行曲》的新歌很快在全国范围内得到传唱，法国与奥地利交战期间，在这首曲子的鼓舞下，法国士兵表现得十分英勇，有人说，它是一首具有大炮一样威力的音乐。法国第二大城市马赛的义勇军挺进巴黎时，所有人都高唱着《莱茵军进行曲》。后来，马赛的俱乐部每次召开会议的前后都必定演奏这首曲子，从此，这首曲子就被更名为《马赛赞歌》，后来，又被正式更名为《马赛曲》，成了法国的国歌。

因为是法国的国歌，我熟悉了《马赛曲》，又因为《马赛曲》，而知道了马赛。这是一段由音乐开启的旅程。在开往马赛的列车上，我的心情似乎也随着《马赛曲》激昂了起来。

古都马赛，回味旧史

马赛，法国的第二大城市，也可以说它是法国历史最悠久的城市。2500多年来，马赛始终以它的文化传统和生活艺术而声名远扬。与他的姐妹城市——中国上海日新月异的发展相反，马赛始终保持着一贯的古朴本色。在有些人眼中，它似乎古朴得有些陈旧。从中世纪流传下来的马路并不宽阔，车流高峰时稍显拥挤，街道两旁的建筑也有些古老，有

第二章 马赛·一个古典韵味与现代气息交织的海港

些甚至已经有了发黑的印记,老树的年轮,记录着它历经的成长与风霜。细细看来,法国的文化与艺术却完好的从老宅上展现了出来,每一处细节的雕饰和镂刻都独具匠心,也许,马赛就是用它的"旧",保存了历史,留住了荣光。

千年马赛,教堂寻踪

除了古街和古宅,马赛的历史也被诸多的教堂、博物馆完好地保存了下来。沿着地铁1号线一路前行,马赛的往事在我眼前一幕幕清晰。

马赛城内的教堂众多,圣维克多修道院,堪称马赛最美丽的宗教建筑。圣维克多修道院建于公元5世纪,是在古代旧城遗址上建立起来的,这座外观似似堡垒的修道院,建立之初是为了纪念水手与磨坊主人的守护神圣维克多,这也是圣维克多修道院名字的由来。历史并没有对这个神圣的场所有过多的偏爱,修道院曾经因为撒拉逊人的入侵而遭到毁坏,直到14世纪,教皇乌尔班五世统治时期,才得到修复。许多自5世纪以来的重要文物,都藏在修道院的城下教堂内,许多基督教徒和异教徒的遗骸,也埋葬在教堂内的石棺中。其中,最古老的两座殉葬者石棺,是修道院初建时期的遗物。

说到基督教在马赛的始源,要追溯到两千年前,当时是由圣玛丽玛德莲、圣玛尔泰、拉扎尔三姐妹坐船将基督教带到了马赛,因此,现在每年的2月2日,基督教的信徒们会来到圣维克多修道院进行朝圣,当地人也会贩卖小船形状的蛋糕,用来纪念当初将基督教带来马赛的三姐妹。

沿着圣维克多修道院向西北方向步行10分钟左右,就来到了圣玛丽主教堂,也有人称它为马赛主座教堂。这座教堂建于12世纪,是典型

053

的普罗旺斯罗马拜占庭建筑，有着用当地白色石头和佛罗伦萨大理石砌成的外墙，表面带着条纹，并有着一座直径达18米的圆顶，非常壮观，也非常醒目。据向导介绍，教堂里面有两座祭坛，还有一座主教之墓，这位伟大的主教在18世纪坚持与信徒共度瘟疫灾难而牺牲，实在令人尊敬。进入教堂里面，有许多蜡烛点燃在耶稣像的下面，蜡烛是出售的，虽然不是基督教徒，但是怀着崇敬的心，我还是点燃了一支蜡烛，敬献在耶稣像下。

如果说圣维克多修道院是马赛众多教堂中最美丽的一座，那么距离它只有十几分钟路程的Clocher des Accoules教堂，当属最古老的一座。千百年来，Clocher des Accoules教堂共经历了三次修缮，分别在12、14、17世纪，这也是直到现在，教堂的外观和内部构造依然保存完好的原因。进到教堂里面，一座大钟悬吊在钟楼顶端，据说，当大钟敲响时，全城的百姓都能清楚地听到，而钟声也在提醒着市民到了集会的时间。

寻觅马赛，博物馆探访旧物

如果说教堂完整地的保存了马赛的宗教历史，那么众多的博物馆，则将马赛千百年来的生活史收纳其中。

乘地铁1号线，在Vieux-Port站下车，步行5分钟，就能看到著名的马赛历史博物馆。这是一座历史与考古的博物馆，也是法国第一个城市历史博物馆，从1世纪到现在的马赛面貌，在马赛历史博物馆内都可以一窥究竟。博物馆中最让人惊艳的展品，是一艘公元3世纪的商船遗骸，据说，这艘船当年在马赛周围的水域从事贸易活动。而古希腊和古罗马马赛港口城市的发展，也可以在博物馆内逐一了解，马赛最著名的中世纪陶艺作坊和第一个彩陶制造厂，在这里也能得到充分的展示。在博物馆外面的遗址花园里，存放着一些历史文物，向导介绍，这些都是古希腊文物，就是在现址被挖掘出来的，挖掘工作还会继续进行，也许几年以后重游马赛，又会见到许多珍贵文物重现人间。

继续前行不远，被列为法国历史古迹的马赛市政厅出现在眼前。这是一座17世纪的建筑，建筑之初，主教为第一块石头进行了祝福。在法国革命期间，联邦党人涉嫌藏匿于此，市政厅险些被拆除，直到1914年，市政厅的外观进行了整体改变，外部采用了产自La Couronne地区的粉色石头，远远看去，既典雅，又优美。楼体的造型非常简洁，由两个长方形办公楼和一个雪茄形状的会议厅组成，中间用吊桥和通道进行连接。法国大革命期间，市政厅曾遭到破坏，原来的雕像被替换成了一尊路易十四的半身像。我从市政厅前方路过，也与马赛的一部分历史擦肩而过。

位于市政厅东侧，步行10分钟左右，可以见到一座集中展示艺术家作品的博物馆——康提尼博物馆。它得名于马赛著名的雕刻家珍·康提尼。正是他买下了这栋房子，并捐献给了政府作为博物馆之用。康提尼博物馆中的藏品，简直就是一场美术史的演变历程，马蒂斯、劳伦斯、毕加索等艺术大师的作品都珍藏于此，风格上从抽象派、野兽派、立体主义、甚至摄影作品都有涵盖。

继续坐上地铁，向相反的西北方向行进，下一站目的地是展示了地中海地区海洋贸易的所在——罗马码头博物馆。马赛的古旧气质在这里体现得淋漓尽致，与其说古旧，不如说是原始，连选址都建立在古罗马一个旧仓库的原址上。作为一个港口城市，马赛从公元1世纪起就已经有了成熟的海洋贸易体系。罗马码头博物馆内，收藏了许多大型的瓮，因为曾经没有得到很好地保存，这些瓮在地下沉睡了千年，直到几十年前才得意重见天日，大多已经残破不全。由于生活在一个远离海洋的城市，我并不了解这些瓮曾经的用途，工作人员告诉我，它们的主要用途是当时的码头用来存放货物的，大多是用来存放酒和油一类的液体。可以想象，两千多年前的马赛，码头的贸易活动非常繁荣。

与这些古瓮同时展出的，还有大量出土于1947年的古罗马时期的海洋文物，当时人们生活用的器具、陶瓷，交易用的古罗马时期的钱币和度量衡器，将1世纪时期的马赛人民生活场景和文化面貌真实的再现，这是一个注定繁华的城市，博物馆记录了马赛走过的每一步足印，而历史的车轮将推动着马赛继续前行。

马赛的博物馆之行并没有就此结束，乘上地铁一路向北，到了位于第四区的boulevard du jardin-Zoologique动物园大道，就到了马赛最

第二章　马赛·一个古典韵味与现代气息交织的海港

著名的景点之一——隆夏宫。隆夏宫是拿破仑三世的行宫，从外观看，这座融合了巴洛克、罗马和东方建筑风格的建筑，确实是一座名副其实的宫殿。宫殿的前方有一座宏伟的喷泉，喷泉上方耸立着群像雕塑，伫立在最中间的雕像是河神，左右两侧的女神手里分别拿着葡萄和麦穗，象征着酿酒业和农业，女神脚下有一个庞大的外凸，底座像一头巨兽般张开大口，支起数根砥柱，仔细看过去，隐约能看到水渍和青苔留下的痕迹。四头无比精神的雄健的公牛，扬起四蹄，象征着畜牧业和斗牛传统，更凸显出洪荒时期诸神鼎力的气魄。

如此珍贵的古迹，竟然对游客全天开放，还有向导全程讲解，让我喜出望外。向导介绍，虽然马赛是有名的港口城市，却曾经因为缺乏淡水资源饱受困扰。直到19世纪，Durance运河水被引入进来，缺水之苦才得到改善。为了纪念水源的引入，当地的奥尔良公爵请知名设计师设计了隆夏宫作为供水塔，但是也有另一说法，隆夏宫是为了掩饰Durance运河一条水管尽头的水塔而修建起来的。无论如何，这座花费了20年时间才建成的华丽建筑，从此如一座宫廷般伫立于此，接受世人的景仰。

隆夏宫的两侧，各延伸出一段回廊，东侧是自然历史博物馆，西侧是著名的马赛美术馆。自然历史博物馆，在1967年成为法国十家一级博物馆之一，共分为四个展厅，分别是动物学厅、生物进化与适应史厅、史前文化厅以及19世纪的普罗旺斯展厅，收藏展示着普罗旺斯的动植物模型、标本，以及从远古至今的历史自然文物。

西北侧的马赛美术馆里，主要收藏着16世纪南法画家的作品。马赛的风俗、传统和民间工艺品的展览，也引起了我极大的兴趣，在这里，我充分见识到了公元前600年马赛的诞生，一直到公元4世纪马赛的古代历史，尤其是可以很好地了解阿拉伯文明渡海而来的过程。马赛美术馆

共有上下两层，最吸引人的是一些在其他艺术馆很少见到的展品，如埃克尔德·普罗旺斯的作品《瘟疫侵袭的马赛》等稀世珍品，给我留下了深刻的印象。

　　隆夏宫的后面，有一所郁郁葱葱的小花园，也是一个广场，有露天的咖啡馆在经营，还有许多孩子喜欢的游乐设施。但最大的享受莫过于在碧绿的草地上躺下来，阳光透过树叶的缝隙洒在脸上，温暖又柔和。孩子们在草地上嬉戏玩闹，追逐鸽子，鸽子们也许是见惯了人的，淡定得从不轻易起飞，此情此景，怎是"惬意"二字可以形容的。至此，一天的博物馆之行，到此画上一个圆满的句号，让人觉得流连忘返，不虚此行。

贾尔德圣母院·马赛的标志

俯瞰马赛，攀登城市最高点

如果你也来到普罗旺斯，一旦贾尔德圣母院映入你的眼帘，你就会知道，马赛到了。没错，贾尔德圣母院就是马赛的象征。贾尔德圣母院建于1148年，位于马赛市内154米高的地点，教堂本身有155米高，上面还有45米高的钟楼，这么多高度相叠加，说它是马赛的地标一点不为过。

我总是认为白色的教堂有一种神圣的格调，贾德尔圣母院有着用白色大理石砌成的外墙，从教堂脚下向上仰望，既雄伟又壮观。圣母院的顶部有一座高达9.7米的镀金圣母玛丽亚雕像，在阳光的照耀下熠熠生辉，闪烁着圣洁的光芒。向导介绍，贾德尔圣母院就是为了纪念圣母玛丽亚而建，这位圣洁的女性，庇佑着每天在地中海上航行的船只、水手和渔民们，保佑他们平安远航，平安归家。

由于教堂很高，以前想要进去参观需要爬上高高的石阶，要爬很久。好在现在为了方便游人，已经修建了电梯，可以直达教堂门口。进入圣母院的大门后，可以看到僧侣们的宿舍。在这里修行的僧侣，都是终生在此。僧侣们每天祈祷两次，从凌晨就开始第一次祈祷，第二次在下午进行，叫作晚祷，祈祷的场所就在僧侣的宿舍内。从东边的阶梯内

走下去，进入教堂，可以看到内部的穹顶由各色花岗岩组成风格独特的花纹图案，装饰多以金色为主，与很多教堂的朴素风格不同，贾尔德圣母院的大理石拱门和门柱搭配着赭红色的斑马条纹，排场宏大而又显得有些寂寞。

圣母院里放置了许多船的模型，向导说，这些模型船的作用，是祈祷航海平安。墙上还有一些弹孔样的痕迹，据说，这是在第二次世界大战时期，德军与联军曾经在此交火，在教堂内留下了永恒的印记。除了弹痕，墙上还悬挂着很多精致的画作，以及众多信徒还愿的匾额和碑文。放置在圣母院内的"马赛圣母像"举世闻名，向导介绍，每年来瞻仰她容貌的游客络绎不绝，粗略统计一下，每年大概有1600百万名游客。圣母院内还收藏了许多谢恩牌，这些全部都是来自民间的艺术

第二章 马赛·一个古典韵味与现代气息交织的海港

珍品。

圣母院的最里面,有十字架受难耶稣和临终的耶稣两尊雕像,侧躺的耶稣左手搭在胸口,奄奄一息。信徒们虔诚地跪在雕像前,跪拜祷告。一尊银色守卫者圣母抱着圣子耶稣的雕像,高高伫立在红色主祭坛之上,周围有天使守卫,还有一尊圣母像在地窖里,头戴金冠,一手拿着鲜花,一手抱着耶稣,安静祥和的神情从古至今从未有丝毫改变。

由于坐落在城市的最高点,站在贾尔德圣母院可以俯瞰马赛全城的市容,整个马赛地中海岸、旧港以及远处的伊夫堡尽收眼底,蓝天、白云、红色的屋顶、海中的白帆,整个画面让人陶醉。我迫不及待地举起相机将这眼前醉人的美景全部收纳起来,圣母院的钟声在此时刚好响起,山下港口的多间教堂也全部跟着响起钟声,钟声此起彼伏不绝于耳,清脆悠扬,荡漾在海面上。

在贾德尔圣母院的西北方向,有一座广场——卡斯德兰喷泉圆形广场。广场位于罗马路、Baille大道、朱尔斯·坎提尼林荫大道以及普拉多大道的十字路口交叉处。广场中心伫立的喷泉,描述了罗纳河从源头到地中海所流经的地方,也描绘了罗纳河、地中海的源泉和激流。这座喷泉雕塑是泥瓦匠朱尔斯·坎提尼送给马赛的礼物,也是一座纪念碑式的建筑。基座上雕塑的人物栩栩如生,极具感染力。

苦乐马赛,对比贫民与贵族的生活

在任何一个城市里,都同时生活着穷人和富人。他们也许能够每天碰面,却过着截然不同的两种生活,从来没有交集。

坐上地铁2号线,到达Joliette车站,步行不到十分钟,就来到了古代贫民的收容所——古救济院。古救济院始建于1671年,由当时的法国

王室下令兴建。当时的马赛街头，流落着许多外来的贫民，大多患有疾病，为了收容这些贫病交加的人们，法国的王室下令修建了这座收容所。不要感慨王室的善心，修建古救济院，并不是法国王室对贫民有体恤之情，完全是出于自己的私心。他们不喜欢看到这些贫民在马赛街头走动，所以命令他们必须待在收容所里不许出来。住在这里的贫民，并没有得到过多的庇护，反而像是蹲进了监狱。

呈现在我眼前的古救济院，有着巴洛克风格的建筑，类似意大利文艺复兴时期的风格，只是相对简朴了一些，看上去比较雅致。据向导介绍，设计古救济院的建筑师大有来头，当时是法国国王路易十四的御用建筑师，位于巴黎市郊的著名建筑凡尔赛宫，也是他的杰作。古救济院分为医院和圆顶卵形的仁慈圣母小教堂两部分，现在又分成了两个博物馆。一楼是地中海考古博物馆，二楼是非洲、海洋和印第安艺术博物馆，陈列着三个系列的器物，分别是埃及文物、古代文物和地区文物，所有的藏品都体现了当时当地的风土和文化气息，历史感非常浓厚。

与惨遭囚禁的贫民截然相反，当时的富人们，业余文化生活非常丰富，歌剧院是富人们经常出入的场所。早在1685年，马赛就修建了当地第一间歌剧院，但最著名的马赛市立歌剧院，则始建于1787年，兴建之初，这里只是一个简单的剧场，直到1881年被政府收购以后，才改建成正式的歌剧院。

虽然承载着富人大部分的业余生活，但由于在1919年遭遇火灾，马赛市立歌剧院关闭了五个年头。由于大火焚毁，歌剧院内部的风格早已不复存在，但是经过了三年多的修建，设计师保留了石头柱廊和入口处幸存下来的票房，让这座建筑依然保持了18世纪的原貌。经过了多次重建，现在的马赛市立歌剧院内部已经变得非常舒适，有1786个位

第二章　马赛·一个古典韵味与现代气息交织的海港

子,除了戏剧演出意外,还会经常上演法国歌剧。许多当代知名的歌唱家,如阿弗雷多·克劳斯、普拉西多·多明戈等大师都曾在这间歌剧院亮过相。经过重新翻修后的马赛市立歌剧院,被人形容为"装饰艺术圣殿",也被称为"巴黎香榭丽舍剧院的灵魂伴侣"。来这里观看表演的观众,通常都有着"挑剔"的审美。也正是因此,马赛市立歌剧院上演的剧目也始终保持着极高的水准。

法罗宫也是马赛一处典型的富人建筑,它是马赛市赠送给拿破仑三世的礼物,这是一座滨水住宅,位于摩尔狮边,这座建筑从1858年到1870年间一共修建了12年,是由当时知名的建筑师拉斐尔和福榭共同设计的。从法罗宫上面,可以俯瞰到远处的伊夫城堡,繁华的老港风景也能尽收眼底。1883年,拿破仑的妻子欧仁尼皇后将法罗宫赠予了马赛市,1884年,这里被改建成了医院,专门安置霍乱病人,之后又在这里设立了狂犬病研究所、热带病研究所和马赛医学院。

在法罗宫花园的下面,有一座大型的礼堂,能容纳900人。还有几间会议室,像研讨会等大型的会议都可以在此召开,偶尔还会有艺术展览在这里举行。宫殿外风景优美,宫殿的对面就是贾尔德圣母院,宫殿前的草地让人忍不住躺在上面与阳光亲密接触,尤其到了晚上,宫殿前方的夜景更加迷人。

穿行马赛,闲逛街道与集市

旅行的乐趣,更多的在于行走。夏天这个季节,在马赛市内闲逛,感受地中海的徐徐海风和明媚却不暴烈的阳光,实在是难得的享受。穿行于马赛的新老城区之内,边走边看,听着城区内慵懒的法国歌声,寻找一些与以往不同的感受。

马赛人给我留下了非常好的印象，即使操着不流利的英文，也会热心的为我指路。在当地人的指引下，我很顺利地就找到了帕尼埃区，这里是马赛最古老的城区。过去这里是穷人的聚居地，移民、码头工人都在这里居住，不过，现在的帕尼埃区早已变成了富有者的居住区，能够在这里居住，已经成了当地富人的一种时尚。帕尼埃区给人一种南方城市的感觉，小广场、狭窄的小巷和陡峭的台阶都是这里典型的象征，美丽的广场更是孩子们嬉戏玩闹的乐园。每天清晨，当地的清洁工人就会打开街边的水龙头，用水流把整条街道冲洗得干干净净，一尘不染的城区生气勃勃地迎接一天的到来。

想在马赛市内购物，就一定要去圣费布尔路逛一逛。只有一公里长的路上，两侧布满了商店、餐厅、咖啡馆，还有一家拉法页百货商店。我们在国内熟知和不熟知的很多牌子，像LV、Nike、Adidas、Zara、Swatch、H&M等在这里都可以买到。这是一处既宁静又喧闹的场所。如果在熙熙攘攘的街路上走累了，只要钻进一家小咖啡馆，马上就能找到安静的地方休息。点一杯咖啡，在宁静中感受时光的流逝。

在尼斯买到的牛轧糖和巧克力，在马赛也有的卖。很多糖果店都悄悄地开在街边，并不显眼，进到店里，却发现出售的商品琳琅满目，牛轧糖、可可、杏仁条都散发出强烈的香气，诱惑着你的感官。顾客可以随便品尝每一种巧克力，售货员都会耐心地帮你挑选，丝毫不会不高兴。在国内从没见过的许多新奇品种的食品让我直呼过瘾，球形的巧克力有整颗坚果在里面，巧克力的形状也很多，条形、球形、片状，应有尽有。口味也是多种多样，杏仁味、香橙味、椰子味，还有从没在国内吃过的橄榄味。最不可思议的是竟然还有洋葱味，一颗甜甜的巧克力，能让人胃口大开，心情也瞬间跟着愉悦了起来。

普罗旺斯·捕捉浪漫的故事

如果想要买到一些马赛当地的特产,还可以往周边的小巷里走一走。当地的热闹集市是马赛的一大特色,当地人向我推荐,来到马赛一定要购买的旅行礼物就是马赛肥皂。位于旧港边的Quai du Port路上,有一家当地最著名的马赛肥皂店——Savon de Marseille。马赛肥皂是一种纯手工制成的肥皂,主要原料是纯天然的橄榄油或棕榈油,从12世纪起,马赛人就已经开始使用了。

肥皂业是马赛古老的行业之一,直到现在马赛肥皂依然保持着传统的手工艺制法。在制作过程中,肥皂会被放在大盆中干燥几天,之后用铁锹一块一块地取出来,然后再拿去煮,煮成之后的肥皂是很大的一块,再用老式的切皂机切割成小块,手工切割的肥皂并不完全平整,有的还有着或大或小的豁口,但这就是马赛肥皂的特色,纯手工制成的肥皂与机器生产出的肥皂相比,更多了一丝灵魂和情感,想必这也是马赛肥皂受到世界各地人民喜爱的原因。

走进Savon de Marseille,我直呼意外,没想到一块小小的肥皂,也能销售出艺术品的感觉。各种外观和样式的肥皂分类摆放在货架上精致的盒子里,货架都是实木制成的,保留了古朴的质感。马赛肥皂大多没有经过包装,可爱的外形加上杏仁味、柠檬味、香草味等甜丝丝的香气,甚至让我想咬上一口。店主告诉我,早期真正的马赛肥皂是没有香味的,现在为了满足更多年轻人的喜好,将制法改良,增添了一些天然的香气。橄榄油制成的香皂是绿色的,棕榈油制成的则是白色的,用起来能起到保湿和滋润的效果,面部和身体都可以用,甚至连婴儿都可以使用。洗澡时,橄榄油和薰衣草的香味让身体和心灵同时得到放松,把如此浪漫的气息带回家,会不会舍不得用呢?

与圣费布尔路的喧闹不同,与其垂直的坎内比耶大道则充满了欧

第二章 马赛·一个古典韵味与现代气息交织的海港

洲典型的悠闲气息。宽广整齐的街道向东北延伸,这里曾居住过许多缆索工人和大麻商人,坎内比耶大道的名字也是由普罗旺斯语Canebe(麻树)演变而来的。离这里不远还有一条时尚街,顾名思义,世界前沿的时尚元素都汇集在这里。各种时尚款式的帽子在这里出售,颜色从朴素到鲜艳甚至夸张,款式从复古到新潮,作用从日常的功能性帽子到单纯为了整体搭配而设计的帽子,应有尽有,多民族的元素在这里得到了融合,想必也给了设计师充分的灵感。

在马赛的老城区里,居住着许多来自北非和中东的移民,这里有贫民窟,也有一种仿佛陈年的蜡烛在煎锅里被融化的味道。来自世界各地的移民都在这里做生意,阿拉伯和非洲的特色饮食、香料、草药等都有出售。异国风情在这里充分地展现出来,由于多民族聚居,每到夏天,不同民族的节日在马赛老城里轮番上演。像阿拉伯文化的太阳节、非洲的朱丽安节等,来自不同民族的风俗都能让你大饱眼福。

每天早上,城里都有不同主题贩卖的集市,周三出售鲜花,周五出售当地有名的新鲜蔬果,周六除了出售鲜花,每隔一周还有旧书摊集市,许多小摊贩也会来凑热闹,二手衣服、陶器、家庭用具等应有尽有。到了周日,就是邮票和古书摊的市集日,到集市上逛一逛,仔细淘一淘,可以淘到很多具有当地特色的"宝贝"。

露天电影是夏天的马赛必不可少的一项活动,放映的场地选择很随意,只要人多就好,市场、酒吧,都是不错的选择。用架子撑起银幕,在场地中间铺上一块毯子,露天电影院就可以正式开放了。观看电影的人们如果来晚了,抢不到毯子,就只能自备座位,一个小板凳、几张旧报纸,甚至鞋子都可以脱下来坐在身下。法国人热爱电影,却对观影的条件并不苛求。露天电影院的音响和大型电影院当然无法媲美,但是丝毫不影响法国人看电影的热情，只要夜幕降临，好戏就会正式上演。

电影开演之前，一定会有许多北非阿拉伯移民过来的老妇人，将地道的阿拉伯美食摆在场地周围，买一份地道的北非古斯古斯面，拿着一瓶啤酒，品味荧幕上于己无关的故事和爱情，是何等的享受。

都说法国人最绅士，我对法国人的感受是最懂得尊重人。电影散场后，没有人会立刻离开，而是仔细浏览银幕上的工作人员名单，之后报以热烈的掌声。

旧港·溯源马赛的历史

　　公元6世纪的马赛刚刚建成的时候,它的名字最初被叫作"马萨莉亚",几个世纪以来几经兴衰,曾经差点绝迹,直到10世纪再度兴起,马赛发展的脚步从此再也没有停歇。1789年,马赛港就已经成为世界性的港口,后来又成为当时罗纳河省的首府,在19世纪初,就成为世界的第三大港。在法国相继征服北非和西非国家的过程中,马赛港既是当时殖民者向外扩张的基地,也是殖民者掠夺殖民地财富之后的转运站,马赛火车站外面的三组巨型雕塑——亚洲、非洲和法国走向海洋的塑像,就是当时的历史纪念物。当苏伊士运河凿通之际,马赛港又成为法国与中东、亚洲等地互通有无的重要联系门户。

　　现在的马赛港是法国最大的港口,也是整个地中海地区最大的港口。它南面临海,东、西、北三面都被群山围绕,群山像臂膀一样,将城市和海港揽在怀中。两千六百年前,希腊人发现了这个叫作拉希冬小海岸的地方,从那时开始,人们就在港口周边靠捕鱼和贸易维持生计。马赛码头被人们称为"旧港",是从法文Vieux Port翻译过来的,并不是因为港口陈旧,人们习惯称呼它为"旧港",是因为对它有着有一份浓浓的历史情感。

　　旧港一直是东方贸易物品进入西方的重要渠道,异国的物品、风情

普罗旺斯·捕捉浪漫的故事

通过旧港传入马赛，东方文化的旖旎绚丽与西方欧陆文化相融合，形成了马赛独特的人文风情。在旧港上，最纯粹的马赛风情可以一览无遗，因此，这里也是马赛地区的重心和精华所在。

游走旧港，赏景新旧河岸

马赛是建在岩石上的港口，街道大多都在斜坡上。顺着马赛的主要商业街坎内比耶大道一直走，就可以看到旧港。到了旧港，对这里的印象是有好多船舶停靠，还有许多私人游艇挤满港口。旅游手册上说，这里可以同时停靠350只休闲船只，马赛港口早期的繁荣，一直延续到现在。

马赛的港口是长方形的，在入海处有一个天然形成的弯折，非常巧妙地把港口保护成了半封闭的状态。几公里外的海上，有几个小岛，岛上还修建了炮台，这些都成为马赛港的天然屏障，难怪古罗马时期，马

第二章 马赛·一个古典韵味与现代气息交织的海港

赛就受到极大的重视,外围陡峭的山势护拥着天然的海港,确实具有得天独厚的优势,既是军事要地,又是商业大港。

走在老港附近的街道,处处能感受到生活的元素被融入了城市的建设之中,楼房虽旧,却有着全新的雕塑和装饰,无论任何年代,法国人对生活品质的追求都丝毫不减。

按照修建年代的不同,旧港的两侧分别叫作旧河岸和新河岸。旧河岸位于北侧,咖啡馆、餐厅林立在河岸边,港口的咖啡馆里坐满了游客,在这里欣赏海边的美景,似乎是来这里旅行的游人必修的功课。穿着入时的法国美女穿行在岸边,形成了一道亮丽的风景。空气里弥漫着海水微咸的味道,海边特有的湿气抵消了阳光的热度,风吹海浪,浪花拍打着悬崖,溅起一层一层的水花。深蓝色的海面上漂浮着各种各样的船只,海鸥在海岸展翅飞舞,仿佛精灵般为港口增添美丽的景色。

路边的长椅有着舒适的弧度,从这里路过就会有坐下休息一会儿的欲望。在港口边处处能够感受到这个城市慵懒的气息,就像英国人彼得·梅尔在《普罗旺斯三部曲》中描写的那样:"这里的生活节奏真的是出奇的慢……"一大早,长椅上就已经有人手握一杯咖啡或一本书,伴着一支香烟,享受慵懒。

在旧河岸的港口,有往返于旧河岸和新河岸之间的免费换乘船,很快就能到达新河岸的港口。在新河岸的沿岸路上,许多游人聚集在此,欣赏港湾的美丽景色。在港边也有一些座椅供游人休息之用,坐在岸边,悠闲地吹吹海风,欣赏海景,一切安静与活泼被尽情收纳眼底。

新河岸这里下午的光线最好,非常适合拍照。游人很多,有一对情侣在海边拍摄婚纱照,蓝天上漂浮朵朵白云,湛蓝的海水折射着金色的阳光,情侣浪漫地变换着各种造型和姿势,真是一大美景。

出游卡西斯，沐浴渔港阳光

在市区里生活得久了，总是想感受一下郊区的幽静风光。在马赛市区里游走了两天之后，我早已跃跃欲试想到周边的小渔港去欣赏别样的景致。

从马赛码头搭上了19号巴士，一直行驶到终点，再换乘20号巴士，经过弯曲的海滨公路，到达终点。之后是一段必须步行的山间小路，一路上白色的山石和低矮的绿树与蓝色的地中海相互映衬，两种截然不同的景致形成的强烈反差，只有身在其中才能深深地感受到。

地中海海水的蓝，实在是让人惊叹。无论如何我都无法用相机完美地记录下那醉人的颜色。仅仅蓝色就可以区分出很多层次，或叠加，或融合，天空都蓝得万里无云，远处海面上点点白帆，明媚阳光倾泻而下，让人心旷神怡。

卡西斯是这次行程中临时增加的去处，只因我之前对这个地名没有丝毫印象。但是当地人向我极力推荐，他们说，如果你是个向往自然、喜欢大海与阳光的人，那就一定不要错过那里。在旅行手册上，我没有找到对卡西斯的介绍，这个对我来讲有些陌生的去处，竟然是富人最爱的地中海十大小镇之一，以它的名字命名的卡西斯白石材和卡西斯白葡萄酒都非常出名。当然，最出名的还是它的Calanques——梦幻般的蓝色海湾。

从马赛到卡西斯之间的海岸是溺谷地形，陡峭的石灰岩与地中海交错着，蔚蓝的海水与雪白的沙滩是这里最美的景致。隐秘而安静，带有一种绝世独立的佳人之感。选择一片自己心仪的海滩，趴着发呆，是每一个爱好日光浴之人的最大享受。我的眼睛被清澈蔚蓝的景色彻底洗涤

第二章 马赛·一个古典韵味与现代气息交织的海港

了,身体被柔柔的海风包围,雪白的岩石峭壁直立在海边,将海水衬托得更加蔚蓝。陶醉在这样的场景里,谁会知道什么叫作忧伤。

吕克·贝松的电影《The big blue》就取景于此,最初看到这部电影的海报,我就被海报上深邃的蓝色深深地摄住了心魄。这是一部诗一般的电影,描写了人类对大海深深的眷恋。电影中的男孩,就像这里的大海一样纯净无瑕,他深爱着美丽的大海,总是向海的远处深深凝望。在那片优雅沉静、肆无忌惮的蓝色中,男孩能感受到大海的忧伤寂寞,也对美丽和自由产生深深的向往。

连绵不绝的石灰岩山,紧贴着地中海高高矗立,光秃秃的石壁上,许多低矮的植物在肆意生长。向导告诉我,其实Calanques就是白灰岩垂直悬崖的意思,这里的植物种类不仅繁多,还很稀有,光是世界上罕

075

见的植物就有50多种。许多动物把这里当作天然的乐园,水鸟、蝙蝠、蜥蜴、狐狸和蛇,都会经常在这里出没。

这里也是攀岩运动的天堂,攀岩者的身影穿行在峭壁之间。我采的这个季节正是适合徒步的季节,许多游客全副武装向山上徒步,短裤、墨镜、遮阳帽都是必不可少的。据向导说,在山顶可以欣赏到地中海辽阔的全景,可以说是别有一番滋味。

转过峭壁,我惊讶地发现,原来这里有很多享受日光浴的人们,他们大多拥有私人游艇,自驾过来享受悠闲的假日,看来富人们果然喜欢避开喧闹,来到这样绝佳的隐秘场所来享受绝世的清净。眼前的海水无比平静,游艇和一些游船在海面上缓缓移动,透明见底的海水随着光线的变化呈现着变幻莫测的颜色,简直就是一派人间天堂的景象。

在这片醉人的蓝色中,时间也不会静止不前,实在舍不得从如此美景中离开,大自然给予我们最深的感动,但再美的景色,也终将告别,将美景留在心中,我与Calanques依依惜别。

伊夫古堡·和大仲马一起温习《基度山伯爵》

许多著作里都有对马赛的描写，或讲述这里的迷人风情，或将这里作为故事发生的地点展开讲述。在所有描写马赛的文学作品中，大仲马的《基度山伯爵》应该是最被人熟知的一部。《基度山伯爵》又叫《基度山复仇记》，书中的故事发生在19世纪，法国皇帝拿破仑"百日王朝"时期，故事的主人公埃德蒙·唐代斯是著名的法老号远洋货轮上的大副，老船长在航海途中病死，临终前嘱托他回到马赛的一座岛屿上去见当时被囚禁在岛上的拿破仑，当见到拿破仑后，他又被委托为拿破仑党人送一封信，受到了早已觊觎大副之位的两个小人的陷害，在埃德蒙·唐代斯即将举行婚礼之际，他被逮捕并打入了黑牢，被关押在一座小岛上的伊夫城堡中。在监狱中，他认识了由于错挖地道进入他的牢房的法利亚神甫，并成为狱友。法利亚神甫告诉他，在一座叫作基度山的地方埋藏着不为人知的宝藏。当法利亚神甫死后，埃德蒙·唐代斯越狱成功，找到了基度山，挖掘出宝藏，成为富豪，从此化名基度山伯爵。经过一系列的精心谋划，基度山伯爵成功复仇，也报答了恩人，整个故事曲折生动，故事情节的发展出人意料，具有浓郁的传奇色彩和艺术魅力，因此，《基度山伯爵》也成为大仲马的经典代表作。

《基度山伯爵》的第一章《船抵马赛》，对马赛港当时的场景做了丰富的描写，其他篇章描写更多的则是监禁基度山伯爵的伊夫城堡。因为对这部经典著作的喜爱，以及对故事中阴暗严密的国家监狱的好奇，我决定出海马赛周边的小岛，探访基度山伯爵的足迹。

寻踪伊夫城堡，探访基度山伯爵的足迹

由于马赛港是重要的军事要塞，因此周边的小岛上都建造了军事用的堡垒，正因如此，如果从马赛港口乘坐游船，可以到附近的很多小岛上进行观光。虽然我一心想要到伊夫城堡去探访一下基度山伯爵的足迹，但是其他小岛上的精彩我也同样不想错过，带着对美景的贪婪，我迫不及待想要坐上出海的游船。

圣贞堡垒是今天的第一站，它由路易十四兴建于1660年，位置就在马赛老港的入口处不远。圣贞堡垒是当时设立的军事要塞之一，负责守卫海港的入口。路易十四在谈到最初建立圣贞堡垒的动机时说道："马赛的居民都非常喜欢漂亮的堡垒，我们想在这个伟大的港口拥有我们自己的堡垒。"

圣贞堡垒内还收纳了两座早期的建筑物，分别是12世纪十字军时期的医院骑士养老院和15世纪普罗旺斯国王Rene一世塔。在法国大革命期间，圣贞堡垒的作用又演变成了监狱，奥尔良公爵路易菲利普二世，以及他的两个儿子——路易斯查尔斯和安东尼菲利普都曾在此关押。到了15世纪，在从圣贞堡垒通向港口的一段，又建造了罗伊雷塔，而到了18世纪，在靠海的一侧又建立起了瞭望台。现在的圣贞堡垒，已经成了旅游休闲的好去处，城堡中有欧洲和地中海文明的博物馆供游人参观，在这里，除了可以在这里欣赏马赛港口风光，还特别适合青年的情侣在这里谈情说爱。

第二章 马赛·一个古典韵味与现代气息交织的海港

乘上游船来到圣贞堡垒的对岸，就到了今天的第二站圣尼古拉堡垒。它与圣贞堡垒在同年修建，也是路易十四修建的一座军事堡垒。向导告诉我，其实，这两座堡垒并不是为了保卫城市，而是为了应对当地反抗总督的起义。所以，这两座堡垒的大炮并没有指向海上可能到来的侵略军，而是指向了马赛市内。

登上圣尼古拉堡垒，从高处欣赏到的远处风光简直妙不可言，从圣贞堡垒到马赛旧港，甚至更远的旧城景致，在圣尼古拉城堡上都可以一览无遗，甚至比从贾尔德圣母院上面欣赏到的景致更加清晰，也更加美丽。由于是早晨来到这里，光线非常好，拍出的照片也非常漂亮。

参观了两座堡垒之后，我终于心满意足地踏上了此行最重要的目的地——伊夫岛。这里是马赛最小的一座岛屿，只有5000平方米，最初

曾是一座无人居住的岛屿，1516年，国王法兰西一世来到伊夫岛，他认为这里有非常大的防御价值，因此下令在此修建了一座城堡，也就是后来关押过基度山伯爵的伊夫城堡。城堡的最初作用是抵御西班牙或土耳其人的海上入侵，当时不仅安置了大炮，最多时还驻扎了300多名士兵防守。后来，随着舰艇和大炮的革新，伊夫岛逐渐失去了防御的战略价值。

伊夫城堡是马赛最大的古堡，也是一座非常坚固的工事，正是因为它的防守严密和得天独厚的地理位置以及特殊的建筑结构，伊夫城堡成为后来的国家监狱，囚禁的都是当时重要的政治犯。据说，路易十四的孪生兄弟"铁面人"也曾囚禁在此。因为一部《基度山伯爵》，人们知道了这里，又因为故事的主人公埃德蒙·唐代斯从这座不可能逃出去的监狱逃了出去，伊夫城堡从此名声大噪，人们都想来看一看这样一座严防死守的城堡究竟是什么样子。1890年，伊夫城堡正式向公众开放，来自全世界的游客纷纷从四面八方涌来，探访伊夫城堡中基度山伯爵的踪迹。

这座在浩瀚大海的一座小岛上建造的堡垒式监狱，乍看上去还真有些电影《禁闭岛》的意思。伊夫城堡的围墙长不足200米，宽不足170米，岛上怪石林立，没有任何树木，看上去既原始又荒凉。有些峭壁甚至是90度的直上直下，岛下遍布着漩涡，不断有飞雪般的浪花跃出水面，拍打着岸边灰褐色的岩石。

曾经有人充满诗意地说："伊夫岛一半像天使，一半像魔鬼。"说的就是这里既有优美的风景，又有阴森的监狱。城堡下的海水竟然不是蓝色，而是深绿色，清亮透彻，仿佛到了另一个世界。

穿过古堡城门，走过护城河上的吊桥，就进入了这座用石头堆砌成

第二章 马赛·一个古典韵味与现代气息交织的海港

的城堡。伊夫城堡不如我想象的大,外形也不像我想象的那样恐怖,城墙上建有三个开着宽大射击孔的圆形塔楼。如果单从外面看,很难想象这曾是一座阴森恐怖的监狱,更像是一座中世纪风格的城堡,只是透着一股自古而来的深深的寂寞。

城堡呈回字形,加上瞭望台,一共有四层,进入监狱的大门后看到的是一座天井,里面的牢房大多已经重新修建过,但是冰冷坚硬的石壁还是让人可以想象到当时的阴森。伊夫城堡的监狱里还模仿了《基度山伯爵》故事中的内容,设计了两间邻近的囚室,还有一条密道从两间囚室的墙壁之间穿过,是效仿原著中法利亚神甫偷偷挖出的密道而建造的。透过通道的洞口可以看到旁边的摄像头和小电视,从屏幕中能够看到路过的自己。

城堡的内墙上刻了很多看不懂的文字,也许正是因为看不懂,反而增添了一些艺术的气息。城堡里面张贴了许多大仲马的照片,以及《基度山伯爵》小说和电影的海报,监狱的牢房里还会播放《基度山伯爵》改编而成的电影,帮你重温原著中的精彩篇章。

站在伊夫城堡的顶部,聆听着海浪的声音,仿佛在低声清唱现世的一切美好。可惜,当时被关押在这里的基度山伯爵,耳中所听到的只会是当时世界的一切苦闷吧。

伊夫岛上除了伊夫城堡以外,还有两座小房子,一座是以前的总督府,现在被改造成了洗手间,另一座是一个小餐馆,卖一些岛上的纪念品,主要是水手结等各种绳结,吸引了很多游客去购买。

向导说,自从《基度山伯爵》一书问世以后,就几乎没有人敢在夜间登上伊夫岛,即使游船在夜晚也会绕道而行,为的就是远离这里,因此,也更加增加了伊夫岛的神秘性。在小说的结尾,基度山伯爵苦心

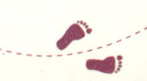

经营的复仇计划只差最后一击。据说，当时是由于读者觉得基度山伯爵的复仇计划过于残忍，因此，大仲马将最后一期连载写成了伯爵故地重游伊夫岛，"相逢一笑泯恩仇"的豁达更加将主人公丰富得有血有肉。离开伊夫城堡的时候，回到阳光普照的室外，我竟然有了一种获释的感觉。脑海中浮现出《基度山伯爵》中著名的句子："在这世界上既无所谓幸福，也无所谓不幸，只有一种状况和另一种状况的比较。如此而已。唯有体验过极度不幸的人，才能品尝到极度的幸福。只有下过死的决心的人，才能懂得活着有多快乐。"

在普拉多海岸与"大卫"近距离接触

与蔚蓝海岸的其他城市不同，马赛并不是从一开始就有供游人度假的海滩设施，相反，对这方面的安全也并不重视。直到1975年，马赛政府感受到了游人的需求，修建了普拉多海滨，并沿着海岸线修建了海滩设施和停车场，这里才逐渐成为度假胜地。

因为海滩前矗立着一座米开朗琪罗的大卫雕像，普拉多海滩也被称作"大卫海滩"。这里距离马赛的老港区较远，正好能够躲开市区的繁华。大卫雕像有5米高，位于普拉多海岸的环形交叉路口，也是普拉多林荫大道和乔治蓬皮杜大道的交汇处，是著名雕刻家朱尔斯·坎提尼在1903年雕刻而成并赠送给马赛市的。站在雕像面前，我被雕像的每一处精美细节深深折服，强有力的双手、肩上的投石器、美丽的身体、健硕的肌肉，处处堪称完美。在雕像的旁边，有许多卖饮食的小摊贩，比萨、冰激凌，还有好吃的棉花糖，视觉和味觉的享受相结合，总是让人觉得无比开心。

陶·逃

陶器是法国南部居民日常生活的必需品，普罗旺斯盛产制作陶器的原料黏土，所以从两千多年前，就已经诞生了传统的制陶工艺。普罗旺斯的陶器不仅拥有精美的制作工艺，很多还会采用色彩鲜艳的釉，黄色和绿色是最普遍被使用的颜色。

在普罗旺斯，可以找到很多从18世纪流传下来的古董陶器，虽然大多已经破损，但制陶者和使用者的情感，依然存留在陶器的每一处缝隙之中。

陶之回忆，玩味古董陶器

想要欣赏普罗旺斯最具代表性的陶艺制品，可以到帕斯特雷城堡的陶器博物馆来看一看。这是一栋19世纪时期的建筑，建造在大海和山丘之间的一座公园内，这里收藏的陶器制品有1200件之多，款式不仅涵盖马赛当地的陶器制品，整个普罗旺斯、法国乃至整个欧洲的藏品都有涉及。从新石器时代直至当今的陶器演变历程，在这里都可以看到。

有人说，普罗旺斯的陶器是普罗旺斯自然的颜色。传统的普罗旺斯陶器，以简单的外观和自然色彩的装饰而闻名。18世纪流传下来的陶制的平底锅、盛放蔬菜和沙拉用的餐盘、水壶，甚至储存葡萄酒的器具都

普罗旺斯·捕捉浪漫的故事

被刷上了鲜艳的颜色。还有一些白色的没有花纹的陶瓷器皿,是当时的王公贵族最喜爱的用餐器具,大多数都是盛放食物的盘子。博物馆的管理人员告诉我们,这些器具的底部都印有正品的标志,如果用手指轻轻敲击盘子的边缘,陶瓷制成的盘子竟然会发出金属的声音。

其实,普罗旺斯的陶器并不精致,反而看上去有些笨笨的。咖啡杯、牛奶罐、装橄榄油的罐子,看起来重量都不小,当时的主妇们一定要有很大的力气才行。不过,这里的陶器只供观赏,不供出售,如果想购买一些陶器制品作为纪念,还要到马赛城区内的集市才可以。只不过,现在出售的都是供现代人方便使用的轻便的器具,像博物馆中那种古色古香的陶器,只能到古董市场去碰碰运气了。

陶之工艺,遇见小泥人

我虽然爱上普罗旺斯陶器的质朴,却苦于无法将它带回国内。如果在运输途中"遭遇不测",哪怕一点点的损坏都是对普罗旺斯陶器的亵渎。作为弥补,在当地人的推荐下,我来到了马赛市内最出名的陶艺作坊——阿拉特泥人商店。起初,我以为这里只是一个购买旅游纪念品的场所,到了以后才发现,这里简直是一个陶艺品的博物馆,还有许多陶艺名家的作品,也在此展示和出售。

除了出售Barjols的长笛、手鼓等陶艺制品,阿拉特泥人商店里最出名的就是法国南部特有的泥人。所有的泥人制品都是由这里的手工作坊制作出来的,通过纯手工做出泥人的模型,再进行烧烤,成型后再进行手工上色。这是一项考验耐心的技术,店里的手工艺人们都有着熟练的技巧,仔细地在泥人上一笔一笔着上鲜艳的颜色。

店里的泥人很多都是按照法国传统人物为原型进行塑造的,例如耶稣诞生的人物像、古代的牧羊女、当地的舞蹈家和农民,等等。店主告诉我,当圣诞节来临的时候,不仅是外国的游客喜欢购买泥人作为礼物,连当地人也喜欢来这里挑选一些带有节日气氛的陶艺制品,作为节日期间的装饰。

陶之艺术,毕加索与泥土的火花

几年前,我曾在北京参观过毕加索陶器制品的展览,当时一共展出了28件作品、10幅蚀刻画、6本插画书,时间跨度达到20年,最早的一件制品正是毕加索在从事陶艺制品的第一年创作的。

作为抽象派绘画大师而举世闻名的毕加索,很少有人知道他在陶艺作品领域的造诣。自从1947年在法国制陶小镇瓦洛锡制作出第一个陶器开始,毕加索一生中共创造出了近3000件陶艺作品。他对陶器的热爱起源于法国南部阿尔卑斯地区的制陶工人所制造的陶器工艺品,据说,

当年的毕加索，认为陶艺是他的一个全新的梦想，也是一个全新的艺术挑战，作为绘画和雕塑艺术领域的天才，毕加索一头扎进了对陶艺的创造。

可是，艺术大师的陶艺之路，一开始并不是走得一帆风顺。虽然毕加索当时已经名噪天下，但是对陶艺却是一窍不通。最开始，他只能大量买入制陶工人们做好的现成盘坯，之后用金属颜料在上面绘制图案，直到遇到了拉米夫妇，他们在自己的制陶工厂里为毕加索提供了一个单独的工作间，只有一个条件，就是毕加索设计的全部陶器，都要由他们的工厂负责生产，收入也要归拉米夫妇所有。专门研究毕加索陶艺制品的陶艺研究人员乌卡尔说："在这里他打开了一扇激活了他的20世纪后半叶艺术生命的窗户，这种新的艺术生命力就存在于那些陶杯、陶罐、陶盘之中。"

毕加索在陶艺之路上的探索，如同他的绘画和雕塑作品一样，不拘泥于任何艺术形式，每一个陶艺作品都迸发出艺术的火花。动物、人物、神话，都是毕加索喜欢体现在陶艺上的题材，脸谱、自然风光，也会经常出现在他绘画的陶艺作品上，他曾经创作过一个猫头鹰图案的盘子和猫头鹰形状的陶瓶，灵感都来自于他在散步路上捡到的一只猫头鹰。普通的陶瓷制品经他之手，马上就会拥有艺术品的灵魂。他最有名的一件陶艺作品《罐中罐》，就是他在一个瓶罐上绘画了一个同比例的小罐子，大罐子中盛满牛奶，一些溢出来的牛奶流到了小罐子里，充满了立体感。而另一个作品《女人脸》，是他借用了罐子凹凸的曲线作为少女的脸部线条，从额头到丰满的下颚栩栩如生，少女的辫子就是罐子的把手，甚至还装饰上了一朵蝴蝶结。

后来，毕加索认识了他的第二任妻子杰奎琳·洛克，她也是一位陶

第二章　马赛·一个古典韵味与现代气息交织的海港

艺家，这对艺术上的伴侣，一直在陶艺领域给予对方灵感，直到1973年毕加索逝世，杰奎琳·洛克依然陪在他的身旁。

现在，普罗旺斯的陶瓷小镇瓦洛锡的毕加索国家博物馆内，还展出着毕加索的壁画《战争与和平》，他创作的一部分著名的陶艺作品也陈列在此。广场上还有他雕刻的作品《抱羊羔的少年》。几公里外的格里马尔迪博物馆隔壁的商店里，出售着毕加索从1947年到1971年之间的作品。店主人是毕加索作品的收藏家，出售的所有作品都是毕加索的正品。作品背面会带有正品的记号，以及该作品属于总版中的第几号，当然，每一个作品都售价不菲。这是一处合法出售毕加索作品的地方，历史与现代在这里交织，来这里购买艺术品的人们带走了心仪的作品，也留下了对艺术的深深挚爱。

马赛鱼汤·不容错过的美食

我是一个地道的吃货,每到一个城市之前,总是"未见其面,先闻其菜"。马赛最出名的菜,当然非"马赛鱼汤"莫属。这道用鲜鱼煮成的汤,原本是捕鱼者的妻子用当天卖剩的鱼混合烹调为丈夫暖身子的鱼汤,延续到今天,竟逐渐演变成马赛最具代表性的知名料理。这道菜至少需要六种不同的鱼,不仅选料考究,价格也相对较贵。我在国内的西餐厅也曾品尝过马赛鱼汤,但是总觉得似乎缺少了些什么味道。终于来到马赛,最正宗的鱼汤近在咫尺,马赛鱼汤,我来了。

未见鱼汤,在鱼市遇见新鲜食材

马赛保留了海港鱼市的传统,在马赛旧港的码头旁边,每天清晨,当渔船进港,鱼市就会开市,许多顾客早早就等候在这里,等待采购新鲜打捞上来的鱼和海鲜。恐怕没有任何一个地方的鱼市能与这里相比,各种罕见的鱼类和海产品,这里都应有尽有。捕鱼者把刚打捞上来的活鱼摆摊出售,一家一家的捕鱼者沿着海港一字排开,公平竞争。时不时地会用浓浓的口音吆喝几声,吸引了大批的顾客。有的鱼看起来奇形怪状,还有满嘴的牙齿,有的鱼看起来更像是蛇……新鲜的海鲜摆满了整整一条街,无比热闹。

第二章　马赛·一个古典韵味与现代气息交织的海港

除了鱼摊以外，这里还有几个兜售水果的小摊贩，就像给整个鱼市增加了一些点缀。其实，很多的法国水果我也叫不上名字，但是看着小巧玲珑很可爱，尝起来也甜丝丝的，不能买些新鲜的鱼，只好买些水果来尝尝鲜了。

向导告诉我，这里的鱼市不是每天都这么热闹。有时赶上捕鱼者收获不大，鱼市就会提前结束，很多没买到鲜鱼的顾客只能悻悻而归。其实，来鱼市买鱼的顾客不仅是因为这里实惠的价格，也是因为在这里能感受到马赛独有的渔港氛围。

品尝鱼汤，浓浓蒜香

来法国之前，我在旅行指南上查询了出售马赛鱼汤的餐厅，很多旅行指南都推荐了马赛的Le Miramar餐厅，咨询了当地的向导以后，也得到了肯定的答案。这家餐厅就在马赛旧港附近，在当地非常有名，从码头各式各样的餐馆中，我很容易就找到了这家店，因为光从外观上看，Le Miramar餐厅就显得很气派。餐厅服务员的穿着很正式，的确有一种正宗法国餐厅的感觉。

马赛鱼汤是一种用番茄、土豆和白肉鱼类、贝壳类食材熬制很久才制成的浓浓的鱼汤，有两种食材非常重要：高汤和蒜泥蛋黄酱。吃的时候要把烤的酥脆的面包片放入汤里，再抹上蒜泥蛋黄酱，齿颊留香，非常美味。但是向导告诉我，Le Miramar餐厅的鱼汤还不止这么简单，他们的鱼汤选用的是来自地中海的新鲜活鱼，包括龙腾鱼、海鲂、海鳗、红鲂等六七种鱼类，另外还要加入螃蟹等海鲜和马铃薯等配料，炖煮而成。鱼塘里还会加入橄榄油、月桂、迷迭香等香料，听起来就有浪漫的味道。

普罗旺斯·捕捉浪漫的故事

点了一份马赛鱼汤和一杯葡萄酒,我就静等法式大餐上桌了。没想到,服务员竟然把做鱼汤的原料逐一端出来给我看过之后,再拿进去下锅。先上来的是前菜——金枪鱼泥,非常鲜美,接下来就是正宗的马赛鱼汤和抹了蒜泥蛋黄酱的烤面包片,没想到正宗的马赛鱼汤竟然是金黄色的,配上烤面包,简直美味无比,口感非常浓厚。趁热喝完一大份鱼汤,美食带来的满足感简直无法形容。

蒜味蛋黄酱听起来简单,做工其实非常讲究。基本原料是蛋黄、大蒜和橄榄油,主要原料包括咸鳗鱼、土豆、蜗牛、青豆、胡萝卜,每样原料都不可以放在一起煮,要分开烹饪,最后调制而成的蛋黄酱除了可以搭配马赛鱼汤,还可以搭配鱼、青菜、鸡蛋和沙拉,不仅增加鲜味,还能促进食欲。

　　向导说，如果有机会，一定要再品尝一下马赛的其他美食，比如用羊内脏和羊蹄配合白酒和普罗旺斯香草熬制而成的羊脚汤；用豌豆、土豆和其他蔬菜搭配蒜泥酱和橄榄油熬制而成的蔬菜浓汤，等等。大蒜在普罗旺斯人的餐桌上有举足轻重的作用，几乎每一道菜都会用大蒜作为辅料，为的是更好地体现海鲜的鲜味。在马赛的街路上，到处可见贩卖大蒜的小摊贩。一个味道代表一座城市，马赛就是洋溢着浓浓蒜香和鱼鲜的浓情城市。

　　茴香酒也是向导极力推荐的一种饮品，是用精挑细选的上好茴香、甘草和香料酿制而成，从19世纪初就已经开始流行，酒精度在45度左右，在马赛是人们招待亲朋好友的必备酒品。

回味鱼汤，近访渔村

　　品尝过美味的马赛鱼汤，我对捕鱼人的生活产生了极大的兴趣。这些人能在天不亮之前就在大海上撒网，在整个城市醒来之前把新鲜打捞

普罗旺斯·捕捉浪漫的故事

的活鱼摆上鱼市,他们每天过着什么样的生活,又住在哪里?导游取笑我脑袋里的一个个问号,他说要带我去见识一下渔民们生活的地方。

马赛市有111个村庄,古德湾村是其中之一,当地人称这里是"渔民的避风港"。说它是小渔村,一点不为过,整个村庄居住的人口并不多,我到这里的时候,渔民们正在为第二天打鱼做准备工作,耐心地的检查渔船,仔细地织补渔网,准备出海时携带的食物,修复在捕鱼时损坏的器具。每天,这些工作要花掉渔民大部分时间,但是他们却丝毫不觉得单调和枯燥。渔村的房子很别致,向导说,其实,很多有钱人喜欢在这里购买别墅,没事的时候来这里过周末,进行一些水上运动。为了吸引更多的游客,这里还开办了很多水上运动培训班,例如水上帆船和爱斯基摩划艇,在这里学习的人都很认真,从如何握桨到如何划桨,一

第二章 马赛·一个古典韵味与现代气息交织的海港

切从零开始,不仅是享受学习一项新技能的乐趣,也是在学习如何与大海搏斗的技巧。如果动作不对,教练会不断地反复指导,直到学会为止。我认为,学习海上行船,不止需要熟练的技巧,更需要足够的力量和耐性,当自己驾驶着划艇到达目的地时,想必那种成就感是对自己最大的奖赏。

马赛的另一个周边渔村——艾斯塔克渔村,在马赛的西北部,这里曾经生活过一位知名的艺术家——塞尚。塞尚和他的情妇就居住在村子里的马列特广场,在此期间还完成了自己的大部分作品。这里是印象派和后印象派画家的最爱,一草一木和乡间小路都让人充满了如置画中的感觉。在这里品味佳肴,观赏美景,告别拥挤的人群,体会独处的快乐,是来此度假的人们最大的享受。

告别艾斯塔克渔村,我的马赛之行也正式告一段落,一段旅程的终点就是下一段旅程的起点,下一站目的地——埃克斯,我要做一场远离尘嚣的旅行。

第三章

埃克斯·一场远离尘嚣的旅行

第一次听说埃克斯的时候，是因为塞尚。那是一堂大学时的艺术选修课，当讲到印象派绘画的代表人物时，塞尚的照片出现在教室的大屏幕上。这门选修课的老师是塞尚的忠实粉丝，谈到塞尚的画作，如数家珍，他精心的把塞尚的经历和代表作品按照年代整理好，在大屏幕上一一播放，其中就提到了这个叫作埃克斯的地方，他说，那里是塞尚的故乡。

多年以后，当我有机会踏上普罗旺斯的土地，我又一次想起了那位老师。老师讲课时的声音很温暖，当讲到他感兴趣的话题时，脸上散发着愉悦的光芒，仿佛整个世界都不重要，对艺术的热爱能战胜一切尘世的纷扰。他对艺术的执着和对教学的认真，让我忍不住想要去塞尚曾经生活过的地方，替老师完成一次艺术之旅。

曾经幻想过无数次，当我踏上埃克斯的土地时，我的心情会是怎样，到了这里才发现，这是一种似曾相识的重逢感。普罗旺斯的夏日微风吹动我的发梢，一股艺术的气息渗透入我的毛孔，逐渐向心灵深处扩散，老师曾说："有人把艺术演变为一种信仰，对于我，它却是整个生命。"在这里，我逐渐体会到这句话所蕴含的情感，艺术果然可以带给人生命的力量。

普罗旺斯·捕捉浪漫的故事

搭上从马赛开往埃克斯的巴士，20多分钟就进入了埃克斯市内，这是一座名副其实的古城，从公元前就已经有了埃克斯城的存在。公元2世纪，罗马人来到这里，兴建了城镇，并从此繁荣下去。旅行手册上说，埃克斯是普罗旺斯中南部的小城，距离地中海不到35公里，埃克斯的拉丁文是"水城"的意思。传说，公元前122年，罗马将军发现了这里的泉水具有治病的功效，于是就为这里取名叫作"水城"。这里的地下水资源丰富，中世纪时期，四处喷涌的泉水几乎泛滥成灾，后来市长决定在城内修建多处广场和喷泉，这里的地下水才终于被降服。在如今看来，水城的名字依然名副其实，因为城内光是大大小小的喷泉就有近百座，其中四十余座已经有了相当久远的历史。喷泉遍布埃克斯的每个广场和街角，许多有钱人的私人庭院也会修建起喷泉作为庭院景观。有人把埃克斯叫作"千泉之都"，因为连埃克斯当地的人都数不清这里到底有多少喷泉，那些或婉约或激进的泉水已经成了这座城市的景观。向导告诉我，如果有机会，一定要尝一尝这里的泉水，非常好喝，没有掺杂任何其他的味道，可以给人带来一股发自心里的清凉。

在12世纪的时候，埃克斯曾经是普罗旺斯的首府，既是当时的经济中心，也是文化中心。如今的埃克斯，以古罗马遗迹、中世纪、哥特式和文艺复兴风格的建筑著称，城中还有四五所大学，最早的大学创立于1409年，因此，这里也是法国重要的国际学生城。与其他普罗旺斯城市的地中海风情不同，埃克斯多了一些繁华的感觉，更具现代感。这里的古迹也得到了很好地保存，具有很强的欣赏和研究价值。

米拉波林荫大道·埃克斯的核心

　　与马赛给人的奔放感觉不同,埃克斯显得更加细腻和优雅。有人说,埃克斯是普罗旺斯最具有"都会"风情的地区,由于市内博物馆和画室众多,这里也给人一种贵族的感觉。刚一下车,地中海的气息扑面而来,虽然是炎热的夏季,却丝毫不感觉干燥,天空湛蓝,阳光充足,阵阵温暖和煦的微风吹在脸上,非常舒服。

　　房子高低错落有致,红色的屋顶格外醒目,街上的行人脚步并不匆忙,用惬意和精致来形容埃克斯这个小城绝不为过,这样的景致和气候的确能够激发出艺术的灵感,难怪许多艺术大师都在这里创造出了旷世杰作。这里除了是塞尚的故乡,还吸引了凡·高、毕加索、雷诺阿等艺术大师来捕捉灵感,无数的诗篇和画作都是在这里诞生的。

　　埃克斯的美不是因为某一处景点,而是将美融入了每一处生活中,优雅的复古建筑、清澈的蓝天、碧绿的树木,到处都是一幅完美的画作。每一次不经意的抬头,都有值得欣赏的景致。凭借它的建筑财富,埃克斯在18世纪被称为"小凡尔赛",它保留了普罗旺斯的精华,游客们在任意一个小巷或一个转角,都可以见到古罗马人、好国王勒内或者米拉波的足迹。

　　埃克斯的人口不多,还不足15万。据说,每年来这里旅行的游客数量都超过了当地的人口数量。从车站一路走来,在街头巷尾到处都能看到来旅行的游人,他们有着不同的肤色,说着不同的语言,却都被这里的景致感染出了一丝活泼的情绪。热情好客的埃克斯人对来这里旅行的人总是特别欢迎,很少能在一个陌生的城市感受到这样温馨的感觉。

核心埃克斯,从米拉波林荫大道漫步城区

米拉波林荫大道是进入埃克斯后见到的第一处景致,它建于17世纪,是全市的焦点和核心,有人把它称为世界上最美的林荫大道。米拉波林荫大道对于埃克斯来说,就像香榭丽舍大道对巴黎来讲一样重要,它位于埃克斯的中心,以戴高乐广场为中心向东延伸,街道的中心是行车道,宽广的大道两侧是人行道,矗立着四排高大的法国梧桐,据说平均树龄都在六十年以上,每棵树都枝繁叶茂,呈拱形高高地覆盖着整条米拉波林荫大道。这里集中体现了埃克斯的美丽和浪漫、文化沉淀和贵族气息,一些前来采风的学生,由老师带领着,在大道北侧的树荫下悠然地作画。学生的旁边,有流浪歌手在歌唱,听起来像是充满法国情调的浪漫情歌,浅吟低唱,只想唱给心爱的人听。

这里有最精致的普罗旺斯生活,街道两旁一家家浪漫的餐厅和咖啡馆,最能映衬米拉波林荫大道的悠闲气息,内部装修非常具有南法风情,典型的悠闲格调。不仅提供特色的南法美食和香浓的咖啡,还可以为远道而来的游人提供住宿,在房间内感受米拉波林荫大道的梧桐树影,近距离接触南法的贵族情调,简直比塞尚的油画中描绘的还要悠闲。

当地的居民都很喜欢来这条大道上散步,几乎每天都要来这里走一走、坐一坐,或者买点东西,更喜欢在露天的咖啡馆里坐上一坐,还有

第三章 埃克斯·一场远离尘嚣的旅行

许多学生也喜欢坐在这里研究功课。

米拉波林荫大道将市区划分为新城和旧城。北侧是旧城,主要建筑是11到13世纪的罗马遗迹,圣所沃尔教堂和四周的建筑形成的主教区就坐落在这里。在崇尚艺术、学术氛围浓厚的圣路易王朝时代,埃克斯开始兴起优雅而高贵的宫廷文化,也是从那时起,许多贵族公馆开始在此修建。因此,许多18世纪的豪宅直到今天依然矗立在此,使米拉波林荫大道显得更加气派。这里有一百九十多幢,建于两三百年前的豪华府邸,曾经在里面居住的都是埃克斯城中的贵族。这些豪华建筑拥有清一色的大铁门,门上精雕细琢着豪华的图案,石灰岩的建筑拥有明亮的颜色,看上去既洁净又温馨。豪宅的造型带有典型的巴洛克风格,有造型典雅的阳台和简单朴实的屋顶,豪宅里面曾经的荣耀,仿佛等待着游人前去发现。豪宅周围形成了曲折的小巷,小巷中的精致细节,更能发掘古宅的韵味。

大道上还有一些古典风情的雕塑,很多都是孩子们依偎在女性旁边的雕塑,应该是母亲的形象,还有古代教皇的雕塑,手握权杖,表情非常威严。

500米的大道并不算长,但是按照达·芬奇的美学理论来看,街道的宽度与两侧建筑的高度刚好相等。大道的南侧是新市区,建筑大多都很现代化,银行、百货公司、夜总会等现代场所汇集于此,充分体现了都市的感觉。

除了林荫以外,喷泉也是米拉波林荫大道的典型象征。喷泉将大道装点得极富古典气息,潺潺流水声,既宁静,又极富意境。大道的起点是著名的狮子喷泉,终点是勒内国王喷泉,国王坐在泉水中间,手里拿着一串葡萄。还有一座喷泉的造型像一块长满了青苔的巨石,它的名字

就叫作青苔喷泉，喷泉水流多年的经流不息，形成了这样独特的景致。

我用手摸了一下，发现喷泉中涌出的水竟然是温的，青苔喷泉的水常年维持在34摄氏度左右，还真是一座奇观，据说这儿的泉水还具有医疗保健的作用。

在米拉波林荫大道的尽头，还有一座圆形喷泉，是文艺复兴时期的风格，喷泉顶端的雕像在阳光灿烂的日子里更显雄伟和唯美。这就是埃克斯著名的圆亭喷泉，建于1860年，是由当时的著名设计师De Tournadre设计，他也是拿破仑三世的首席城市建筑师。

圆亭喷泉是埃克斯最大的喷泉，直径32米，高12米，它所处的位置叫作圆亭广场，广场周围的林荫大道呈放射状向各个方向延伸，这里是埃克斯通向城内各处的主要交通中心，有频繁往来的交通，游客中心和公交巴士车站就位于喷泉的正对面。

第三章　埃克斯·一场远离尘嚣的旅行

喷泉上方雕塑着天使骑天鹅的青铜像，最上方矗立的三座雕像是用大理石雕刻而成，让我惊讶的是，这三座雕像竟然是由三位不同的设计师所设计，每座雕像都代表了不同的含义，面对着米拉波林荫大道一侧的雕像，代表的是正义，面对着阿维尼翁方向的雕像，代表的是艺术，而面对着马赛方向的雕像，代表的是农业，整座喷泉的设计，既美观又具有独特的意义。

圆亭喷泉的两侧，有许多店铺林立。北侧有咖啡馆、餐厅和品牌店，南侧有许多高档的饭店。大道上还有很多可供游客选择的纪念品出售，海报、手工艺品应有尽有，小商贩热情地招呼着往来的游客前来购买。

向导说每年3月的第一个星期天，这里都会举办埃克斯狂欢节，无论大人还是小孩，都会装扮成奇特的造型：戴眼罩的海盗、穿盔甲的武士、拖着脚镣的囚犯、骑着扫帚的女巫、长着犄角的魔鬼、带着翅膀的天使，等等，人们脸上涂抹着奇幻的油彩，聚集在米拉波林荫大道上狂欢、尖叫，彩带和纸花漫天飞舞，人们的阶级和贫富在这个时候没有任何区分，所有人都沉浸在欢乐的气氛中。

可惜我没有赶上如此欢乐的节日，我眼前的米拉波林荫大道此刻是一派平和的景象，空气中弥漫着薰衣草的香味，一切似乎都呈现着完美的意境。

亲民埃克斯，供市民活动的市政厅

位于埃克斯市区内的埃克斯市政厅，是一栋建于1655年的老建筑，外观看起来非常朴实，建筑风格虽然稍显保守，但造型非常特别，有两座呈月牙形的曲面板式高层建筑和一座形状扁圆的建筑，还有大大的玻璃窗和长长的走廊，古朴与活泼并存，非常有特点。三百多年来埃克斯市政厅一直没有损坏，可见建筑质量非常之高。

在法国，市政厅的主要作用除了是管理城市的办公机构，同时还是共市民活动的公共机构。因此，埃克斯市政厅的大楼被分成了两个区域，一个区域供市政厅管理机构办公，另一个区域则开放给市民，供市民活动。

向导告诉我，这种传统从14世纪就已经流传下来，当时在埃克斯城市广场上修建的市政厅，大多都是两层的矮建筑，底层还有提供给市民进行集会用的走廊，除了让市民办事之余进行休息，在节假日的时候，还允许市民将这里作为集市，据说当时商人在此摆摊销售货品，市民来此逛街，非常热闹。

在市政厅的旁边，还有一座建于16世纪的塔钟，是当时用来报火警的，在市政厅前的广场上，还有一座类似罗马宫殿的建筑，屋顶下方有一座神话雕像，描绘的是隆河泛滥的情节。隆河神的雕像将脚伸出了门外，象征着河水泛滥的含义。

经过埃克斯市政府的不断美化和修缮，市政厅也越来越具有参观价值，许多来埃克斯旅游的人，都喜欢来这里一睹市政厅的风采。

向埃克斯市政厅的西北方向，步行不久，可以看到广场上矗立着一栋精致的别墅。别墅前有个小小的圆形水池，周围的树木明显经过了精心的修剪，剪出了不同的造型。这就是埃克斯著名的凡顿别墅，建于17世纪，从1990年开始，凡顿别墅被改建成了当代美术馆，并向公众开放，供游人参观。凡顿别墅中的作品包括绘画、素描、雕刻和摄影作品，全部由德国、法国等名家所作，Gabriel Lauri、Baselitz、Wols、Derain等名家的作品都被收录其中。别墅外的小花园，非常适合游人散

第三章 埃克斯·一场远离尘嚣的旅行

步,公园不大,但是草坪、水池和步行区都规划得井井有条,像其他法式花园一样,这里既优雅又有情调,造型别致,静静散步于此,仔细回味刚才在别墅中参观的艺术作品,让身体和心灵得到充分的放松。

与凡顿别墅一样著名的是一座近几年修建的新建筑——普罗旺斯歌剧院,位于埃克斯市中心,在当年开幕的时候,邀请了由Sir Simon Rattle指挥的Berliner Phihamoniker交响乐团进行开幕演出。

无论规划多么详尽的旅行计划,总是会有不尽如人意之处,我的普罗旺斯之行也留下了一些遗憾,就是没有在任何一家歌剧院观看过演出。旅行的脚步总是匆匆,心情越是愉悦,越是感觉时间飞逝。沿途的美景还没有看够,转眼已到了该离开的时间,如果今生有幸,希望可以像彼得·梅尔那样,远离俗世,在普罗旺斯这样的人间伊甸园找一处温馨的角落,每天沐浴温和的日光,种一片薰衣草,闲暇时听听歌剧,逛逛集市,悠闲地度过余生。

塞尚画室·为心灵晕染一片彩色阳光

我此行来到埃克斯的目的,大半是为了追寻塞尚的足迹。这里是塞尚出生的地方,也是他去世的地方。来埃克斯旅行的人,很多人都和我一样专程为了塞尚而来,所以,埃克斯有一条塞尚之路,连接了所有与塞尚有关的地方,仔细查阅一下,竟然有34处之多。全部走完需要一定的时间,因此向导指引我选择几处塞尚从出生到离世之间最具代表性的几处景点,可以很好地追踪塞尚的足迹,进入塞尚的世界。

沿着塞尚之路寻觅大师踪迹

保罗·塞尚是印象派到立体主义派之间的重要画家,也是后期印象派的主将。作为现代艺术的先导者,在19世纪初期,保罗·塞尚就被尊称为"新艺术之父",也有一些西方的现代画家把保罗·塞尚称为"现代绘画之父"或者"现代艺术之父"。保罗·塞尚对艺术和色彩的敏感,丝毫不愧对于这些称呼,与一些凭借感官和直觉使用色彩的画家不同,保罗·塞尚更加重视色彩和视觉的真实性,他对物体体积感的追求和表现,也为后期的"立体派"画风开辟了一条全新的思路。

在介绍自己的作品时,保罗·塞尚经常会讲到一句话:"色彩丰富到一定程度,形也就成了。"谈到最初是如何加入到"印象派"行列中时,保罗·塞尚总是说是卡米耶·毕沙罗引导自己加入了印象派,是

第三章 埃克斯·一场远离尘嚣的旅行

他带保罗·塞尚参加了第一届印象派画展。从此,保罗·塞尚成了印象主义革新家团体中的一员,只不过,塞尚进行的是个人艺术革命。与其他印象派大师相比,塞尚的画作具有绝对与众不同的表现风格。比如,一些印象派大师喜欢将运动着的事物的瞬间印象暂时固定在画布上,比如莫奈的《日出印象》、雷诺阿的《船上的午宴》、德加的《在练习格斗的斯巴达少女》,但是塞尚却在探索以永恒不变的形式去表现自然。他喜欢重新建立起事物的轮廓线,这与其他印象派画家喜欢将轮廓线变得模糊截然相反。塞尚对物象的结实感和深度非常重视,因此他的许多画作都是靠自由组合的色块来表现,也有人称他为"印象主义的坚实派"。

塞尚对静物的题材非常喜爱,所以,当他画人像时,也会把人像当作静物来处理,人物的人体总是呈现几何形的概念形象,著名的立体主义大师波拉克曾这样评价塞尚:"塞尚的伟大,在于他古典的制约,在于他不表现个人。"在塞尚眼中观察到的世界,不受任何杂乱的感情所干扰,与印象派画家的前辈们不同,塞尚抛开了事物模糊的外表,而是去洞察永不改变的真实。因此,英国著名的艺术评论家赫伯特·里德这样评价塞尚:"在塞尚之前,从未有过一位艺术家希望客观地观察世界。"在接受访问时,塞尚这样评价自己:"艺术家只是一个吸收的器官,一个对感觉印象登记的器具,但是一个好的、很复杂的器具,它是一个敏感的照相底板,但是这底板却需要预先经过多次冲洗,进入敏感的状态……"而谈到自己的作品,他这样评价:"有一种事物的绘画性的真实,天真淳朴地接触自然,那是多么困难呀!人们须能像新生的小儿那样去看世界……"

走在埃克斯的大街小巷,处处可以看到塞尚的"痕迹":塞尚大街、塞尚广场、塞尚医院、塞尚中学、塞尚画廊,甚至塞尚理发店、塞尚咖啡馆,连街上的铜钉都刻着塞尚的名字。

少年塞尚,学画之旅

塞尚之旅,从塞尚的出生地开始。从服务中心步行约十分钟,就能来到塞尚出生的地方。塞尚的祖辈原本是皮埃蒙特的小工匠,到了父亲这一辈,突然交了好运,从帽店老板一下子变成了银行经理。从塞尚一出生起,父亲就对他寄予了极大的期望,希望他能成为一名成功的商人。从圣约瑟夫学校毕业以后,塞尚被父亲送入了中学,至此,我们来到了下一站——米格涅特学院。

第三章 埃克斯·一场远离尘嚣的旅行

米格涅特学院的前身叫作皇家波旁学院，这里就是塞尚就读的中学，在这所学校里，塞尚认识了自己学生时代最好的朋友，同时也是深深伤害过他的佐拉。那时的塞尚有矮胖的身材，有着宽大的额头和鹰钩鼻，这样的容貌，怎么看都不够讨人喜欢。不过，塞尚的目光非常有神，在游泳和打猎的时候，身手也非常敏捷。音乐是他当时的爱好之一，在学生乐队里，塞尚负责吹铜管，而吹长笛的正是他当时的好朋友佐拉。还在上中学的塞尚，就已经对绘画表现出了强烈的兴趣和极大的热爱，17岁的时候，他就凭着对绘画艺术的一腔热忱，进入了埃克斯素描学校进行学习，1858年，塞尚中学毕业，凭着坚实的知识基础和完整的宗教信仰，塞尚通过了文科考试，按照父亲的意愿，顺利地进入了大学法学院。尽管学习的任务更加繁重，塞尚却丝毫没有放弃在埃克斯素描学校的学习。

考上大学的第二年，塞尚的父亲在埃克斯附近买了一座别墅，这是由拉维尔侯爵在17世纪建造的一座花园，每年，塞尚的父亲都会带着自己与母亲和姐妹们一起，到那座别墅中去避暑，也是在那里，保罗为自己布置了第一间画室，并且开始在客厅和走廊的墙上作画，在十年的时间里，塞尚共创作了十二幅墙画，《父亲的肖像》《春夏秋冬》《朗科眼中的"藏猫猫"游戏》等知名人物系列画作都包含其中，可惜在这里已经找不到任何墙画的痕迹，只有通过播放的幻灯片才能看到当年这些墙画的原貌，另外还有《春》和《夏》两幅画收藏在巴黎的小宫殿博物馆里。

向导告诉我们，这里也是塞尚学习户外绘画的地方，栗子树、水池、水池旁边的石狮子、石海豚、远处的房子和山谷，都为塞尚提供了户外绘画的素材，也都成了他的户外静物模特。也是在这里，塞尚画出

了第一幅圣维克多山画。到了晚年的时候,农场里的佃户又成了塞尚的模特,《戴草帽的老妇人》《玩牌者》《抽烟的男人》都是典型的代表作,在这里,除了可以看到塞尚的画作之外,还可以跟实景进行对比,并有专门的工作人员为游客讲解塞尚的生活轶事。

虽然父亲为塞尚保留了银行经理继承人的位置,但是他却完全不顾父亲的反对,立志成为一名知名画家。父亲终其一生都对塞尚很失望,他曾经警告塞尚说:"孩子,想想未来吧,人会因为天赋而死亡,却要靠金钱吃饭。"不过,塞尚依然对金融不感兴趣,将绝大部分心思都投入了绘画创作上,当时,塞尚的好朋友埃米尔·佐拉已经在巴黎定居,他极力鼓励塞尚前往巴黎学习绘画,但是父亲却想尽办法百般阻挠。的

第三章　埃克斯·一场远离尘嚣的旅行

确，塞尚的父亲并不知道，他曾经认为毫无出息的儿子，以后得为这个世界的绘画艺术做出多么大的贡献。

直到1861年，塞尚已经21岁了，父亲终于发现，这个"不成才"的儿子确实没有从商的天赋和才能，并且志不在此，加上妻子和女儿的百般劝说，塞尚的父亲虽然抱怨，但也终于低头让步，同意让儿子去巴黎开始学习绘画之旅。

青年塞尚，辗转巴黎

刚到巴黎的时候，塞尚还依然靠着父亲每月寄给自己的125法郎勉强维持生活。即使艰难，他依然坚持进入瑞士画院学习绘画。他在福昂蒂娜街租了一个小房间，里面只有简单的几样家具，生活朴素而艰苦。初期的作品，并不能让塞尚自己满意，因为巴黎都市嘈杂的生活，让从小城市埃克斯出来的塞尚很难适应，好在他在巴黎结交了一些好友，除了学生时代的好友佐拉以外，塞尚与基约曼和毕沙罗也保持着友谊。

虽然对绘画艺术抱有一腔热忱，塞尚在学画之初，天分并不算高，他也始终没有考入巴黎的高等美术学院，原因是考官对他的画作并不欣赏，也不看好，对他的作品评价是："虽具备色彩画家的气质，却不幸滥用颜色。"带着这一"不幸"的评价，保罗·塞尚垂头丧气地回到了埃克斯。与儿子的低沉情绪相反，父亲却为儿子的归来而满心欢喜，并且迅速地为他安排好了工作——在自己的银行中担任职员。

塞尚回到了埃克斯，我们也沿着他的生活轨迹，来到了塞尚故居。因为塞尚的父亲是一位银行家，生财有道的他选购的住宅也是当年的高档地段，地址就在宽敞美丽的米拉波林荫大道上，隔壁就是著名的咖啡馆——双叟咖啡馆。在这片纯净的天然山水中，在南法的阳光与海水的

III

滋养下，塞尚继续着自己的绘画创作，也许正是这里，启发了他的艺术天分，逐渐走向自己艺术的巅峰。

进入塞尚故居的大门，两侧是高大的杨树，中间矗立着一座雕塑，是枯树的造型，树根悬空，其实是由几段木头黏合制成的。塞尚故居是一座三层的楼房，里面有工作人员为游客仔细地讲解，还会用幻灯片播放塞尚的画作。按照导游图，可以找到曾经在塞尚画中出现的每一个角落，有些已经在时间的流逝下变得面目全非，留下的只有一段段历史的回忆。

回到埃克斯的这段时间，塞尚虽然在父亲为自己安排的岗位上就职，但却没有停下画笔，继续热情地作画。他先是在居住的别墅中作画，用四大块壁板做画布，用滑稽的笔法模仿画出了《四季》，他说这是他给别墅所做的装饰，并且还在画上签上了"安格尔"的名字以作消遣。这个时期的塞尚，也画人像，除了给自己画自画像以外，也为父亲和其他家人画肖像。

然而，通往巅峰的道路并不是一帆风顺的，也许是对绘画有着极度的热爱，也许是忍受不了做着自己不喜欢的工作，塞尚再一次离开故乡，来到了巴黎。他与莫奈、雷诺阿这些当时活跃在巴黎的印象派画家经常来往，但是，有些自闭的塞尚却并不欣赏他们，他欣赏浪漫的画作，欣赏德拉克瓦洛和库尔瓦的作品，用塞尚自己的话来形容，他当时的画作属于"杂烩"，连他自己都不喜欢，更不奢望别人喜欢。

那段时期的塞尚，可以用郁郁不得志来形容，任何事情都不能让他开心，任何景色都不能让他感到赏心悦目，不知道是经济原因还是性格原因，他不断地变换住所，与曾经的好朋友们也渐渐疏远，甚至不再联系，连一些当时他喜欢的著名画家，他也不再去接触。可能是厌倦了巴

第三章　埃克斯·一场远离尘嚣的旅行

黎的环境，塞尚回到了埃克斯，但是很快又回到了巴黎，没过多久又回到埃克斯。可以想象，这段时期的塞尚是非常苦闷的，他找不到自己的定位，也没有人喜欢他，具体是什么原因，谁也不得而知。

不过，再次回到埃克斯的塞尚，有一个非常喜欢去的场所，也是我们的下一个目的地——双叟咖啡馆。位于米拉波林荫大道上的双叟咖啡馆非常有名，由于双叟咖啡馆就在塞尚故居的隔壁，所以，这也是塞尚最经常出入的一个场所。当时的很多艺术大师都喜欢在这里逗留，塞尚和同时期的许多名人都是这里的常客。也正是因为经常有艺术大师造访这里，双叟咖啡馆名声大振，直到今天，也深受当地人和游客的欢迎。

双叟咖啡馆是巴黎最古老的咖啡馆之一，里面的装饰是传统咖啡馆的样式，服务也保持了原来的模式，咖啡馆里的侍者有的穿着晚宴套装，有的穿着长长的白色围裙，为顾客服务的时候始终带着微笑，说话声音很轻柔，还很幽默，法国的侍者在开玩笑的时候都显得非常得体，一副很有教养的样子。即使在收拾桌子的时候，一只手也会高高地端着盘子，动作却丝毫不受影响，反而无比干净利索又不失优雅。

双叟咖啡馆内的装修非常精致和考究，据说，这家咖啡馆这么多年来坚持不翻修，为的就是让顾客保持最亲切的感觉。店内的装修还是五十年前的样子，没有塑胶制品，也没有造型奇怪的装饰和灯具。高高的天花板已经变成了淡褐色，想必是被在这里探讨艺术的大师们用一支支香烟熏成了这个颜色。

吧台是铜色的，已经被时间磨出了亮光，桌椅也是多年前的旧物，充满了古朴的韵味。一楼是咖啡馆，二楼是爵士钢琴酒吧，室内的温度很凉爽，环境比较幽暗，适合静静地坐一坐或者独自思考，每到固定的时间，还有精彩的节目在此上演。外面还有露天的咖啡座。天气好的时

候，大家非常愿意来这里，在露天咖啡厅里坐一坐，点一杯咖啡，欣赏米拉波林荫大道的景致。

中年塞尚，渐露锋芒

在前往下一个目的地之前，向导一直在向我们讲述塞尚的故事。这位艺术大师前期的不得志与晚年的辉煌，每到一处景点，似乎都能浮现在我的眼前。

在故乡埃克斯进行了短暂的休整，塞尚再一次回到了巴黎，和以前一样，依然频繁更换居住的地方。巴黎著名的盖博瓦咖啡馆，是马奈、佐拉、迪朗蒂、雷诺阿等艺术大师经常聚会的场所，但是塞尚却很少出现。虽然他的作品在沙龙中频频落选，但是却认识了一位年轻的女模特儿——玛丽·奥尔唐斯·富盖，她后来成了塞尚的妻子。

1870年，31岁的塞尚为了躲避征兵，带着妻子又回到了埃克斯，等战争结束后，他又带着妻子回到了巴黎。也许是抑郁的情绪积压得太久，塞尚当时的画风既暗淡，又激烈，还富有一定的戏剧性。

所有的画作构图都很怪诞，颜色搭配也不太协调，除了风景画、静物画、肖像画以外，塞尚还用画笔记录下了他对性方面的困扰和发狂的梦幻，也会画出死亡和狂欢的场景。每幅画作的情感都极端外露，充分体现了塞尚极端的个性。《绑架》《解剖》《巴德莱娜》《黑人西比翁》以及后来被罗浮宫珍藏的《痛苦》和《现代奥林匹亚》都是这个时期的作品，但是其他的印象派画家对他的画作丝毫不欣赏，马奈曾经向塞尚抨击道："你怎么会喜欢醒醌肮脏的画呢？"

1872年，33岁的塞尚喜得贵子，他给儿子取了和自己一样的名字，都叫保罗。也许是儿子的到来让塞尚的情绪变得开朗，也许是接受了好

第三章 埃克斯·一场远离尘嚣的旅行

朋友毕沙罗和基约曼的建议，塞尚的画风开始变得明快了起来，色调明亮、手法简练，《自缢者的房屋》《加夏医生的家》都是转型时期的典型作品，而这两幅画作中，前者被罗浮宫收藏，后者被巴尔美术馆收藏。

这段时期，塞尚认识了凡·高，也逐渐卖出了一些自己的画作，并参加了1874年的第一届印象派画展，只是，与参展的其他印象派画家一样，塞尚遭到了众人的嘲笑和奚落，尽管如此，他的画作《自缢者的房屋》还是被多利亚伯爵买走了。

1874年开始，塞尚的情绪似乎平和了一段时间，利用这段时间创作了很多好的作品。画风也从印象派逐渐向古典主义过渡，当时的一系列

静物和人像，都具有明显的画风转换痕迹。大块的色彩开始被使用，画作也更有体积感，整体的风格已经进入了一个全新的境界。

然而，短暂的半静期过后，塞尚的性格再一次变得乖戾和偏激，一点点鸡毛蒜皮的小事都能把他激怒，他受不了任何压力，也看不惯任何虚荣，连不入流的画家都能对他极尽嘲笑之能事，他的画作也年年在沙龙中落选。因为自尊受到了伤害，他感到非常的痛苦。

1877年，可以说是塞尚人生中最灰暗的一年，他一口气准备了16件作品，参加佩尔蒂埃街的印象派画展，却和以前一样遭到公众的嘲笑。一向不同意塞尚从事艺术之路的父亲，也减少了对他的资助，这使得塞尚本来就十分微薄的生活费用更加拮据，因此，他的性格也变得更加孤僻和暴躁。

妻子厌倦了塞尚这种闭门不出的生活，原本的好朋友也逐渐讨厌和他来往，在好朋友基约曼的帮助下，塞尚的一幅作品终于被沙龙接纳。从此，塞尚回到了家乡，与好朋友蒙蒂切利一起，在普罗旺斯各地边旅行边作画。几年后，塞尚的父亲去世，给他留下了两百万法郎的巨额遗产，尽管如此，塞尚还是只对绘画情有独钟，所有的时间都用在了创作上。

晚年塞尚，隐居故乡

听着塞尚的传奇人生，不知不觉走到了米拉波林荫大道上矗立的塞尚肖像，向导告诉我，这座雕像是埃克斯骄傲的标志。这是一座塞尚老年容貌的塑像，原稿是雷诺阿绘制的素描，在1926年由著名的雕刻家Richard Guino按照素描稿雕刻而成。只可惜，雕塑建成之时，塞尚已经去世整整20年了，这位大师并不曾亲眼见过自己的雕像。

第三章 埃克斯·一场远离尘嚣的旅行

前往下一处景点的路上,向导继续为我们讲述塞尚老年的故事,逐渐步入老年的塞尚,与凡·高、高更、纳米尔·博纳等画家时不时见上一面,依然不被这些画家所喜欢,这些也终于促成了他在家乡的隐居。

糖尿病困扰着塞尚,让他的性格变得更加古怪和暴躁,也许正是这样的情绪,促使他画出了二百五十多幅优秀作品,其中就包括被罗浮宫收藏的《蓝花瓶》和《从艾斯塔克望到的马赛港》、被俄罗斯莫斯科收藏的《封斋前的星期二》,以及被慕尼黑收藏的《五斗橱》,虽然官方画家对塞尚的评价依然是一片反对之声,而正是因为这些人的反对,塞尚的名声被逐渐抬高了。

随着年岁的增长,塞尚逐渐成熟了起来,然而母亲的去世,却给了他重大的打击。他的悲伤情绪在作品中得到了发泄,画风也开始转向了巴洛克风格。由于母亲的去世,他再也无法居住在原来的住宅里,卖掉了别墅,搬到了另一处地方居住。这里就是我们的下一站目的地——塞尚最后的居所。

塞尚最后的居所并不大,里面还有工作人员负责为我们讲解。墙上有一幅塞尚复制的画作,是法国现实主义画家库尔贝的油画草图,他是塞尚非常喜爱的画家之一,在复制的过程中,塞尚在画作中添加了自己的一些理念进去。这里也是一个伤感的地方,塞尚这位寂寞的艺术家,1906年在这里溘然长逝,徒留悲伤。

塞尚画室是塞尚在1901年为自己创立的一处工作场所,由于继承了父亲的遗产,塞尚在埃克斯北边的丘陵上买了一片7000平方米的田地,并在此修建了画室。

晚年深居简出的塞尚,把画室安置在了一处宁静的小山坡上,一路上还有许多低垂下来的树枝遮蔽住了道路,夏天的阳光透过树的缝隙,斑驳地洒在画室前面的小路上,仿佛为通往画室的道路遮上了一层绿网,隐约还可以听到鸟叫的声音,非常有意境。

向导说,塞尚每天早上从市区步行来到画室,在6点到10点半之间画画,中午再回到市区吃午饭,然后继续回到画室画画到下午5点左右,一年四季,从不间断,无论寒暑都能看到塞尚在市区和画室之间往返的身影。

之所以将画室选址在郊区,是因为这里的风光是塞尚取景的最爱,如今的画室里面,共分为两层,一层在出售明信片之类的旅游纪念品,塞尚的绿色陶罐等静物的复制品,也在这里大量出售。走上吱嘎作响的楼梯,二楼才是塞尚当年工作的地点,还有塞尚生涯的介绍、塞尚作品介绍以及影院的纪录片,等等。往东边眺望,还可以看到圣维克托瓦尔

第三章　埃克斯·一场远离尘嚣的旅行

山,这是一处经常出现在塞尚画作中的景物,在这间画室中,塞尚创作出了许多优秀的画作,也为艺术界奉献了大量极具价值的艺术瑰宝。

工作人员为我们提供了一份中文版的画室介绍,上面还覆盖着一层透明的保护膜。由于不允许拍照,我只能用双眼记录下塞尚画室的模样。

画室还保持着当年的原样,被打扫得很干净,透明的大玻璃窗,采光非常好。向导介绍,塞尚当年经常手握画笔站在窗前发呆,观察一天中不同时间段光线的明暗、色彩的变换,这一切在塞尚眼里都是世间最美的景色。

沿着墙边,零落地摆放着几张塞尚生前曾经使用过的桌椅,藤编的坐垫中间已经出现了很多小窟窿,有的甚至已经散架,这里的所有陈列品都曾经出现在塞尚的画作之中。墙上挂着几幅装裱好的素描画,窗户旁边还摆放着几幅没有装裱的画和一些空的相框。塞尚生前摆放的物件还都置在原处,曾经穿戴过的大衣和帽子也挂在衣帽间里,大衣上还沾染着当年没来得及洗掉的颜料,一面巴洛克风格的穿衣镜有一人多高,每个人走过都会刻意观察一下镜中的自己。

在画作里曾经出现的骷髅也依然保留在画室里,绘画用具也都摆在桌上,用剩的油彩和画笔也都没有被丢弃,已经混合调好的颜色还保留着当年的模样,只是颜色已经变得有些污浊……一切的场景,仿佛这位艺术大师还依然每天在此作画。

想必正是这样的环境,增加了塞尚的孤独感,而这种感觉,也被塞尚表现在了画作中。我想起了塞尚曾经说过的话:"线是不存在的,明暗也不存在,只存在色彩之间的对比,物象的体积是从色调准确的相互关系中表现出来。"

在年迈和病痛的双重折磨下,塞尚的性格更加古怪,脾气也更加暴躁,几乎没人受得了他,只有一位忠诚的女管家布雷蒙夫人陪伴着他。在他生命结束的一年前,塞尚完成了《高大的女浴者》这一画作,这幅作品的创作过程历时七年,也成为塞尚的最后一幅精品画作,后来,这幅画被费城博物馆收藏。1906年,塞尚在外出写生时遭遇了一场暴雨,不幸受凉病倒,直到去世他的妻儿也没有赶到身旁。一位伟大的艺术大师,从此告别人间。

参观过画室,来到庭院中,院子不大,但安静优雅,院门的红色木板已经褪色,一些美丽的花草种植其中,院子深处是密密的小树林,院子拐角处有一口井,墙上固定的铁链已经生锈,墙壁的颜色充分体现了年代的久远,看起来非常有质感。

欣赏塞尚,在静物里散步

向导告诉我,要想继续欣赏塞尚的画作,就要来到格哈内博物馆,这里是埃克斯唯一能欣赏到塞尚画作真迹的地方,也是法国南方最古老、最精彩、最重要的艺术博物馆之一。

格哈内博物馆的前身是一座教堂——圣吉姆教堂,直到今天,这里的外形依然保持着教堂的原貌,远处看过去非常雄伟。在塞尚的青年时期,这里曾经开办了一座艺术学校,年轻的塞尚经常来到这里学习绘画的技巧。作为塞尚的启蒙学校,现在的格哈内博物馆中收藏着九幅塞尚的画作。

格哈内是19世纪重要的风景画家之一,博物馆就是以他的名字命名的。进入博物馆内,发现里面原来不仅仅收藏着塞尚的画作,还有普罗旺斯当地一些其他画家的作品,以及一些格哈内的个人收藏。当地的画

第三章　埃克斯·一场远离尘器的旅行

家安格尔的作品也收藏其中，还有佛莱芒画派的元老冈班·霍拜的宗教画，意大利画家Guerchin的油画、西班牙大师鲁本斯的肖像画等名作在这里都可以欣赏到。

圣维多利亚山，是经常出现在塞尚画作之中的一处景点。在画里，这座山总是显得有些孤傲。圣维多利亚山位于埃克斯普罗旺斯城东，塞尚除了喜将山中的乡村景致描绘在自己印象派风格的画中之外，还喜欢用大胆的色彩和明朗的笔触，将圣维多利亚山的不同角度的风景记录在画中。他喜欢到山中作画，曾经在这里成功创作了16幅画作。除了妻子、母亲和姐妹以外，塞尚很少接触其他女性，因此，圣维克多山也是塞尚最宠爱的"女模特"。

圣维多利亚山中的景色四季都很优美，正值夏天，山的两侧是一片片的麦田，写意的山丘、美丽的葡萄园、幽窄的山间小路，都曾经在塞尚的画中出现过。广袤的山野上，村庄、树林、丘陵的黄黄绿绿的色块，就像塞尚画中描绘的一样。在这里，我想起了塞尚曾经包含诗意的一句话："我们在富饶的原野吃饱了绿色的太阳。"

从山顶向下俯瞰，远处的道路和山脉尽收眼底，灰白色的山峰仿佛隐藏在一团迷雾之中，这儿的景致在塞尚的画中经常出现，红色的屋顶、蓝色的山、绿色的树、黑色的葡萄、紫色的薰衣草、粉绿色的迷迭香、金黄的向日葵、殷红的樱桃……到处都能找到塞尚画中大块大块的颜色。

山里还有一个旧的采石场，据说从古罗马时期，这座采石场就已经开始挖掘，源源不断地为城里的贵族提供建造房子的石材，到了塞尚年代，采石场已经停止了开采。这对塞尚而言，是一个观察圣维多利亚山的绝佳角度，也正是在这里，塞尚为圣维多利亚山画出了七八十幅画作。

一座黄色的石头宅子，塞尚曾经在这里居住过，并将它记录在画中，这里就是传说中的"黑城堡"，是塞尚自己买下来的石头小屋。就是在这里，塞尚曾经在给他的雕塑家朋友写信说道："如果你哪个星期天有空，来勒多洛涅和我一起吃午饭吧，要是你早上来，8点中的时候你到上次来过的采石场找我。"由于对采石场长时间的细致观察，塞尚的画中也出现了多种多样的岩石、松树和悬崖峭壁，"黑城堡"的入口成四方形，用一座已经生锈的铁栅栏作为大门，里面铺上了木地板，石头凿出的墙上和"城堡"内的木柜子上张贴着几张画作，不知道是不是塞尚的作品，但是游人可以在这里感受塞尚创作时的灵感来源，想起曾经在这里居住过的美国诗人所说的话："我在替塞尚看家，他回来我就走。"

在这里，塞尚一共完成了11幅油画和16幅水彩画，其中有5幅，如今还可以找到画中的原景。塞尚曾经画过的那棵阿月浑子树应该已经枯死，但是依然在架子的支撑下没有坍塌。在采石场附近游走，我仿佛感受到了一种时空交错、人在画中的错觉。

晚年的塞尚经常背着画箱，在这里行走和作画，正是在圣维多利亚山中，塞尚提出了对传统画法的质疑，并开始尝试突破，通过仔细观察色彩的不同变化，在画布上精确呈现出事物的立体感觉。向导讲解道，在画圣维多利亚山时，塞尚并没有先勾勒出轮廓和暗调，而是先找出眼前能看见的颜色，不同颜色之间、远景与近景之间，都做了精确的区分。通过对自然进行观察的崭新方式，塞尚也正式影响了后来的立体派画家，开创了现代艺术的先河。塞尚说："孤独对我是最适合的东西。孤独的时候，至少谁也无法来统治我了。"

修道院·红尘，恍如隔世

走在埃克斯的街头，随处可见与宗教有关的雕塑和建筑，甚至在一些建筑的窗户和大门上，也能找到与宗教有关的雕刻。宗教，是法国人与生俱来的信仰，仿佛法国人的浪漫一样，宗教已经深深地刻进法国人的精神世界。

尤其是像埃克斯这样的古城，教堂和修道院仿佛将一个城市生生世世的精华收纳其中，历史与光影，红尘与爱情，修道院与教堂的大门，仿佛一道将历史与现世隔绝开来的屏障，双脚一旦踏入，多少红尘深景，都成隔世花影。

埃克斯的修道院，历史太过悠久，久到足够掩饰太多的人、太多的事。对于历史，每个人都不是无足轻重，只要你来过，这里就会记得你的存在，修道院的某个角落，就会留下你的影子。

一座城的历史与一个人的一生一样，都会经历高低起伏，有低潮也有巅峰。埃克斯的修道院里，记录着整个城市几千年来的辉煌与沧桑，白昼的灿烂与夜晚的凄凉。这里是一个让一切匆忙变得缓慢的场地，每个人对这里都有一份肆无忌惮的信任感。无论影像、文字、还是画作，这里保留了整个城市的经历与感受，在匆忙的物质世界里面，为世人保留一片安定的场所。时间的脚步始终在前进，修道院依然矗立在原地，你的一切快乐与悲伤，都可以来到这里与它分享。

玛德琳教堂，塞尚受洗之地

　　1839年2月22日，刚出生的塞尚在埃克斯的玛德琳教堂接受了出生洗礼仪式，这座建于17世纪末的教堂，据说是当地最漂亮的宗教建筑。如今的教堂外墙，呈现渐变的米黄色和灰白色，教堂不高，只有五层楼左右，门前还有一座类似方柱型的建筑，其实也是一座喷泉。

　　位于儒勒·马扎大道上的圣诺旺教堂，就在格哈内博物馆的旁边，是一座罗马天主教教堂，建于12世纪一个小教堂的遗址上，最初是由医院骑士团兴建，1272年到1277年的五年时间里，又进行了扩建。这座教堂是城市的最高点，钟楼高67米，1840年被列为法国的历史古迹。如今的圣诺旺教堂里面，有许多价值不菲的图画和刚刚恢复的古老风琴。

圣苏维尔大教堂，陪伴晚年塞尚

　　在塞尚之路上，圣苏维尔大教堂是一处标志性景点。这里是晚年的塞尚前往工作室的必经之路，由于位于塞尚住宅到工作室的途中，所以也是他几乎每天都会来的场所。圣苏维尔大教堂位于埃克斯的旧城区北部，兴建在昔日的古罗马广场和毗邻的巴西里卡的遗址上，与著名的埃克斯大学面对面相望。从戴高乐广场步行仅仅几分钟，我们就来到了这座教堂的脚下。教堂很高，门前的街路却很狭窄，如果想看到教堂的全貌，要仰起头才能费力地看到。大教堂的外观神圣、纯洁、高雅，让人产生深深的向往之情，如果想用相机拍下圣苏维尔大教堂的全景，恐怕不是一件容易的事情。我费了半天力气，也只能将教堂的各个部分分开来拍照。整座教堂之大、结构之复杂、浮雕之精细，都是我从来没见

过的。

圣苏维尔大教堂是中文译名,也有人叫它圣救主大教堂。这是一座哥特式建筑,建于1285年至1350年间,有着哥特式的外墙和门楣,外墙砖的颜色已经斑驳,上部分是灰白色,下部分几乎已经全部变成了黑色,仿佛是岁月为教堂留下的印记。

通过装饰华丽的哥特式入口,走入教堂里面,处处可以看到中世纪时期的古典建筑和雕像,由于建筑的时期很长,圣苏维尔大教堂的建筑不仅仅只有一种模式,而是将2至17世纪的各种建筑模式融合其中,像2世纪优美的罗马中庭回廊、4世纪的圣洗堂、16世纪的雕刻精美的胡桃木门、文艺复兴时期的圆拱门,都是圣苏维尔大教堂的典型建筑风格。

教堂里面有一个建于12世纪的罗马式中央广场和一座14至15世纪加建的小礼堂,半圆形的后殿里有一个5世纪时期的石棺。教堂中悬挂着16世纪的挂毯,还收藏了一座18世纪镀金巴洛克风格的管风琴,有一个专门分隔出来的区域,告诉人们不同时期的教堂痕迹。教堂内部还有很多非常有趣的绘画,三联画作《火焰中的玛丽亚》、15世纪画家尼古拉·夫拉曼的名作《燃烧的蔷薇》等都是这里最著名的代表画作。

教堂里的光线并不十分明亮,当大门打开,从门外向教堂内射入的两道光束,仿佛是上帝洒向人间的光芒。进门以后发现教堂有三个大堂,中间是露天的庭院,四周是回廊,大教堂的南侧是总主教宫,这里就是优美的罗马式回廊的所在,每一根廊柱上,都有着精美绝伦的雕刻。神学院的学生穿着一袭白袍走在回廊之中,在地中海的阳光照耀下,这样的画面别有一番风情。向导说,晚上有时候这里还会举行交响乐演出,如果赶上戏剧节,这里会出现人山人海的景象,许多戏剧中的人物在此表演,会有很多令人惊喜的场景出现。可惜这些我都没有赶上，只能在脑海中幻想一下当时的场景。

　　沿着圣苏维尔大教堂门前的马路一直走，可以看到远处的圣维多利亚山，之前在博物馆内看到的塞尚晚年画作，许多都是他在这里静静凝望之后诞生的经典作品。向导告诉我，当年，这里的房子很少，视野非常宽阔，塞尚从这里不需费力即可观察到圣维多利亚山的全景。

古董市场·小物件，大历史

沿着埃克斯老城区的大街小巷散步，处处可以感受到埃克斯人的生活氛围和细节，以及悠久的历史和文化。不经意的一个转身，总能与古色古香的老建筑不期而遇，无论街角、门庭，还是广场，总能看到各式各样的古旧雕像，不管是历史人物还是《圣经》故事中的人物，总是能让人细细把玩品味很久。

埃克斯的老城，几乎就是一个文化市场，古董、绘画、艺术品、工艺品、装饰品、生活用品，琳琅满目，哪怕一个不起眼的小物件，也会将埃克斯古城的历史饱含其中，充满了古典和艺术的韵味。

古董店，在集市中淘百年旧物

想在埃克斯购买一些古董作为旅行纪念，其实并不难，在米拉波林荫大道的出口，有许多家经营古董的店铺和小杂货铺。从大件古董商品，到小件的烧制的盘子，甚至水彩画、古旧的海报和版画等小物件，都可以购买到。为了方便旅客作为纪念品购买，这里出售的古董大多比较方便携带，店员招待客人时非常有礼貌，每件古董的出处、年代和历史，都会为你详细讲解，整个购买过程就好像又上了一堂法国历史课。

除了古董店以外，跳蚤市场也是淘古董的好去处。如果找得够仔

第三章 埃克斯·一场远离尘嚣的旅行

细,在跳蚤市场里是会淘到很多宝物的。由于是周六,正赶上跳蚤市场开市的日子,我发现跳蚤市场原来不只出售古董和旧物,还有许多杂货,从烧制的餐具到日常的用品,应有尽有,很容易挑花眼。

如果想从商品中寻找南法的历史,那么百年老店就是不得不逛的场所。Souleo陶制品商店,就是一家专门经营陶艺制品的百年老店。Souleo是太阳的意思,正如其名,里面出售的陶制品也有着太阳般的色彩和光芒。由于制陶工艺几乎已经失传,所以只有为数不多的店铺保留了这种手艺。与一百年前一样,这家店铺的陶制品工艺始终保持着传统的手工艺制法,设计风格也维持了古朴的味道,全部陶制品的图案都由店里的工匠用手工绘制,非常精细。

普罗旺斯从18世纪开始流行印度花纹的图案，如今这样的花纹在埃克斯还可以找到，那就是传统工艺布艺品专卖店。我们去的这家店铺成立于1977年，店里出售的桌布、餐垫和纯手工窗帘都有着美丽的印度花纹，一共有两百多种花样可供选择，用来装点家居，非常有品位。

在一家铁艺古董店里，有很多铁质生活用品出售，看着这些造型独特的器具，我实在不知道他们都有什么用处，店主非常耐心地一一为我介绍，有着曲线形的把手和厚厚的铁板底座的器具是18世纪的熨斗，把手的曲线设计得非常人性化，既美观又方便手握，虽然下面的铁板只有一厘米厚，但是很重，对于当时普罗旺斯的布料来讲，熨平的效果非常好。

来自20世纪50年代的铁制衣服挂钩已经有了非常成熟的制作工艺，挂钩的上半部分拧出了好看的螺纹，下端的挂钩还做了加宽处理，可见当时的铁艺制作已经有了高超的水平。店主拿着一个上端是心形、下端是一个贴片造型的物品让我猜，我的想象力实在有限，想了好久只觉得像个书签，但是这么沉重的书签哪有人会用。

店主笑着告诉我，这是18世纪的普罗旺斯人挂在门上的装饰品，看来法国人从几百年前开始就注重对住宅的装饰。可惜铁艺制品对于一个旅行的人来讲实在太沉重，虽然喜爱，我却一件也没有购买，店主似乎并不介意，觉得有人欣赏他的商品，就很开心了。

埃克斯虽然是座不大的城市，但是却仍然建立了几座小广场。广场上会轮番出现花市、菜市、水果市、手工艺品市、书市、服装百货市等各种集市，出售的商品让人目不暇接。可能整个南法最艳丽的色彩，都集中在埃克斯的集市中。这里充满着阳光的味道，各种美丽的大小物品，都散发着奇异的吸引力。

第三章 埃克斯·一场远离尘嚣的旅行

集市上弥漫着薰衣草、迷迭香那隽永的芬芳，连草叶和树皮仿佛都有着独特的香味，既可以食用，也可以入药，名气非常大。埃克斯在普罗旺斯地区中，是最早拥有集市的城市，几个世纪以前，在埃克斯的Place Richelme地区，就已经拥有了最大的集市，每天清早，当地的居民就会蜂拥而至，摊位上出售的当地蔬菜、特产，都是大家争相购买的物品。橄榄油、大蒜、蜂蜜、奶酪都是当地人餐桌上必不可少的美味佳肴。在蔬菜水果市场上，一家紧挨着一家的铺位上，摆满了新鲜的蔬菜水果、香料、花草，摆放整齐的商品，可以让游客免费试吃，根本不用担心农药的问题。

到了周末，出售的商品会更多更全面，浴盐、果酱、手工制作的精油香皂、石头做成的工艺品等在这里都能找到，还有很多人自创的小艺术品。我找到一家把酒瓶烧软压扁之后再做成钟表出售的小摊，非常有特色，还有五颜六色的铁艺制品，木板上的人物雕刻，普罗旺斯的吉祥物——知了、石膏的小天使像、手工制作的普罗旺斯小房子，都适合作为纪念品供游人购买。

如果想购买薰衣草等鲜花制品，就要等到周日的花市开市了，普罗旺斯的人民，除了热爱美食以外，对生活的热爱程度也是非常高的。鲜花是他们日常生活中必不可少的装饰品，拜访亲友时也会带上一束鲜花表示心意，不管多大年纪的老爷爷，在路过花市的时候也会为老伴买回一束玫瑰花做礼物。

当然，来到埃克斯，也一定不能忘了买一些当地有名的杏仁小蛋糕，当地人喜欢叫它可利颂糖（CALISSON），朋友曾经送过我一包，味道非常不错，口感很Q弹，好像软糖，造型也非常精致。

在埃克斯城内，有许多家店铺都可以买到可利颂糖，向导带我来到

了一家1830年开业的店铺，店名叫作Calissons Bre-mond，这里出售的纯手工制作的可利颂糖最受当地人欢迎。可利颂糖的外形类似船形，外面还裹上一层糖霜，上面搭配了杏仁和水果干，杏仁和水果的香气让人赞不绝口。

对于游客来说，埃克斯的集市不仅仅是购物，而是已经成了一个旅游项目，或者一个节日、一个景观。总之，集市是埃克斯人的骄傲，在这里，人们可以感受到埃克斯人民的淳朴和热烈的性格，这里五彩斑斓的景象，对任何一个游人来讲，都是一个体验南法人文风情的好去处。

在古董店花光身上最后一分钱

在闲逛的时候，一家古董店的招牌和装饰吸引了我，向导说这家古董店已经开了几十年，从来没有出售过假货，连店外挂着铁艺的招牌，都是普罗旺斯的古代铁艺制品。在店里认真逛了一圈，一个带有太阳图案的陶艺古董盘子引起了我的极大兴趣，店主告诉我这是毕加索亲手烧制的真品，售价62000欧元，对于我来讲这简直就是天文数字。

店主说，如果想作为纪念品，可以买一些小一点的古董，比如毕加索制作的小号瓷砖，一共有500版，他这里出售的是第149版，售价仅500欧元，既方便携带，又有收藏价值。狠狠地咬了咬牙，我翻出了自己身上的所有现金，490欧元，店主表示可以卖给我，还用泡沫纸和牛皮纸仔细地包好，虽然花光了当时自己身上的所有现金，但是在普罗旺斯获得一件有珍藏价值的艺术品，也是一件值得高兴的事。

古建筑，老城新店

无论走过哪条街路，埃克斯城里那些古老而精致的建筑都能打动我。街上人不多，在老城区里懒散地走一走，逛一逛，在洒满阳光的街路上，好好地体会一下法国人特有的悠闲。

老城区里的建筑大多有着多年的历史，房子的外观已经有些破旧，但就是这样的老房子，被很多商家作为店铺使用，老旧的外墙配上崭新的装修风格的店面，别有一番风味。美味的蛋糕店、精致的花店、书店和电影院，漂亮又不失文化气息。

城中有古老的中世纪气息，街头巷尾到处都是店铺的橱窗。一些国际奢侈品牌也是坐落在老建筑里，简洁的橱窗与淡灰色的墙面搭配，有一种低调的奢华意味。

PAUL面包店在法国的很多城市里随处可见，但是把店面设在埃克斯的古老建筑里，还是显得非常漂亮。门牌、货架、店面的装饰全部采用黑色作为主色，店里面暖黄色的灯光把本来就造型别致的糕点面包映衬得更加有食欲。

那些美丽的糕点又一次唤醒了我的味觉，不知不觉把我吸引进店中，分别点了巧克力和覆盆子的蛋糕，还有一小包彩蛋巧克力，甜蜜又美好的感觉，是我对埃克斯小城的回忆。

转过街角，一家欧舒丹店铺将整个外墙涂成了暖橘黄色，在南法，欧舒丹店面有很多，但是这种黄色唯独与埃克斯老城的风貌最为和谐，如果换成别的城市，或者放在商场中，想必这种颜色不会有如此暖心的感觉。

似乎埃克斯的店铺都喜欢把外墙涂成独立的颜色，眼前这家PRESSING DES PRECHEURS婚纱店，就将外墙涂成了浪漫的紫粉色，看上去就像新娘手中捧着的花球。橱窗里悬挂着一件件纯白色的唯美婚纱，紫粉色的外墙又像陪衬着婚纱的伴娘礼服，既浪漫又美好。婚纱店的楼上是一家钟表店，外墙上悬挂着一座大大的钟表，钟表的下方是一个人形雕塑，向导说这是一个中国人的造型，看打扮的确像是一个梳着辫子的清朝人。

同样记录着历史的，还有法国的钟楼。和欧洲其他国家一样，法国的钟楼也全部经过精心设计，绝对见不得半点马虎，看上去总是有着高大雄伟和金碧辉煌的视觉感受，钟楼上的钟表，刻度不是均匀的，这种刻度只在早期的欧洲才会出现，因此说明钟楼的年代久远。钟楼的钟表记录着每一秒钟时间的流逝，人们也许有时会忘了时间，但钟楼永远提醒人们，时间总是在一点一点流逝。

古喷泉，流动的历史

号称千泉之城的埃克斯，自然在大街小巷里都少不了喷泉。与城中古老的建筑相比，很多喷泉可以称之为古董中的古董了。眼前的这座喷泉有着贝壳一样的造型，下端由一根圆柱支撑，小时候家里过年都会用这样造型的器具来盛放水果和糖果，所以这座喷泉被我戏称为"果盘"。另一座喷泉的造型更简单，简直就像是一块普通的石头泡在水里，池底的颜色已经有了一块一块黄色的斑驳印记，是长期被池水泡出的效果，由于感觉这块石头实在是一副享受的样子，所以我叫它"泡澡石"。

继续沿着街路前行，出现一片开阔的小广场。这个广场的名字很可爱，叫"四只海豚广场"（4Dauphins），之所以叫这个名字，只因为广场的中间有一座喷泉，喷泉的造型仿佛四只海豚在戏水，广场的名字也因此而得。四只精雕细琢的小海豚背对着背，口中奔涌而出的泉水流入外围的圆形池中。其实在我看来，与海豚相比，喷泉的造型更像四只虎头虎脑的小鲨鱼，非常可爱。喷泉旁边围绕着茂盛的绿树，盛夏时节，在喷泉旁边大树的绿荫下乘凉，瞬间感觉炎热的暑气消失无踪。

和四只海豚喷泉造型有些类似的是一座人形喷泉，这就是位于市政厅的Te Fontaine de l'Hotel de Ville喷泉，喷泉中间由一根罗马柱支持，罗马柱的周围是男人的头像造型，每个人嘴里含着一根水管，鼓着嘴用力往外喷射泉水，只是，我总感觉叼着水管的造型不那么别致，不知道别人是不是也有同感。

老博物馆，探寻贵族生活

埃克斯的老博物馆，同样是一座古老得褪了色的建筑，外墙在常年的日晒雨淋之下已经呈现橘黄的颜色。博物馆里面展示了法国古代贵族的生活方式，从里面陈列的两米多高、五米多宽的大衣柜就可以看出来，当时的法国贵族生活有多么奢侈，要多少华服才能把衣柜填满。整个博物馆的装修风格就像一座贵族的豪宅，墙上挂的装饰画、床边的梳妆镜都包着金色的金属边框，比此彰显奢华。

除了生活奢华以外，埃克斯的贵族们还喜欢藏书。位于格哈内博物馆旁边的"梅冉纳图书馆"就是一处高级别的藏书中心，它是由埃克斯的贵族，也是藏书家梅冉纳所创立的，图书馆的名字与他本人同名。馆内收藏着从4世纪到13世纪的藏书，共有4万多册，对于今天的法国人而言，这些无疑是弥足珍贵的文化遗产。如今的梅冉纳图书馆，已经经过了多次改建，内部的设施已经非常现代化，外观的建筑依然保留原样，这样的古今搭配，显得非常特别。

此行最后一站寻找古物的去处，是埃克斯的挂毯博物馆，位于总主教宫内，里面展示的挂毯非常华丽，时间段从17到18世纪跨越两个年代。除了挂毯之外，里面还展览了每年7、8月间，埃克斯国际庆典中，表演古典歌剧者穿着的戏服，这也是当地的一大特色服饰。

埃克斯咖啡·品味苦香人生

在来到埃克斯之前,我在国内曾经听说过埃克斯咖啡店,但是由于时间的原因我并没有品尝过,因此也一直好奇,埃克斯的咖啡究竟是什么味道。在埃克斯的这几天,街头巷尾的咖啡馆和露天咖啡座随处可见,总是有很多法国人坐在那里,端着一杯咖啡悠闲地品尝,每次从他们身边路过,总有一股略带苦味的浓浓香气传来,我想,除了咖啡本身的味道,埃克斯的咖啡,更多的是让人品尝到悠闲的味道。

初识咖啡,恶魔的饮料

去咖啡店的路上,向导为我讲了一个关于咖啡的故事。在11世纪的时候,欧洲人是不喝咖啡的,并且把咖啡称为"恶魔的饮料"。这一切都因为当时正处于十字军掀起的基督教与伊斯兰教的百年大战的高潮期,当时信奉伊斯兰教的土耳其帝国逐渐崛起,终结了古罗马帝国千年来的统治地位。

由于伊斯兰教禁酒,所以土耳其人将咖啡豆细细研磨之后,用黄铜锅煮沸后饮用,所有人都喜欢在咖啡的香气中放松自己。所以,咖啡也成了信奉伊斯兰教的穆斯林的代表性符号,他们喝咖啡时很庄重,也很注重仪式和礼节,在喝咖啡之前甚至要焚香,像中国的茶道一样,从颜

色到香味,都要仔细品尝,甚至连精美的咖啡器皿都值得观赏。土耳其帝国的妇女还会用喝剩下的咖啡渣来进行算命,并且认为这样可以帮助土耳其帝国的军队取得胜利。可是在处于战争劣势的欧洲人眼中,咖啡这种"恶魔的饮料",是反基督教的象征,必须大力禁止。

当一路节节胜利的土耳其帝国攻打到维也纳城的时候,不料两次围城未果,反而被基督教联军一举击溃,慌忙逃跑的伊斯兰教徒留下了遍地的骆驼、牛羊、大炮、帐篷,当然,还有帐篷中的咖啡豆。当初在敌军卧底的基督教密探,掌握了咖啡的做法,并迎合欧洲人的口味,在黑咖啡中加入了牛奶,让苦涩的咖啡变得香浓顺滑。从此,欧洲人的第一家咖啡馆正式营业了。

然而,作为恶魔的饮料,咖啡并没有顺利地被欧洲人接受。当咖啡传入法国,基督教中的保守派依然拒不接受这种饮品的存在。当时有着新潮思想的贵族伯爵将咖啡作为献礼送给了罗马教皇,受到了罗马教皇的喜爱,终于,咖啡从"恶魔的饮料"变成了"黑色金子",也变成了贵族的象征。虽然当时有不少人怂恿教皇禁止饮用这种饮品,但咖啡的

第三章 埃克斯·一场远离尘嚣的旅行

香醇味道征服了皇室的味蕾，教皇亲自为咖啡进行洗礼，咖啡从此在欧洲得到普及。

当时在市井中流传，只有喝过咖啡，才是真正的贵族。人们争先恐后地想要尝一尝贵族的味道，于是，一家一家的咖啡馆仿佛一夜之间冒了出来，当时的法国街头，咖啡成了艺术家们的伴侣，无论是加糖还是加奶，都成了文化圈的象征。

从那时起，人们聚在咖啡馆里，花很少的钱点一杯咖啡，在聊天中分享见闻与心得，谈古论今、切磋学问，将咖啡文化一直延续到今天。

咖啡文化，牛奶与方糖的艺术

和往常一样，双叟咖啡馆里坐满了喝下午茶的人们，服务生穿着白色的围裙，在咖啡桌之间优雅地穿梭，在等待咖啡的时间里，向导和我聊起了富有浓郁特色的法兰西咖啡文化。

从咖啡传入法国的那一天开始，就已经成了法国人生活中必不可少的生活调剂品，是法国人不可分割的一部分。法国的文化和艺术中，咖啡的影子随处可见。在17世纪，法国的上流社会还专门为咖啡开办了艺术沙龙，他们讲究的是喝咖啡的环境和情调，而不是咖啡本身的品质。喝咖啡时的浪漫情调和优雅氛围，让多少艺术家在诗情画意的境界中创造出了无数传世的艺术瑰宝。

向导说，在法国，没有咖啡就像没有葡萄酒一样不可思议，即使说是世界末日也毫不夸张。据说曾经有这样一件事情，法国的咖啡供应量紧张，导致法国民众个个无精打采，影响了正常的生活。而在海湾战争爆发期间，在超市里抢购商品以备战争之需的法国民众手中，抢购的竟然是一盒盒的咖啡和方糖，可见咖啡对于法国人的生活有多么重要。

普罗旺斯·捕捉浪漫的故事

今天的法国,无论是繁华的都市还是僻静的小镇,只要是有人的地方就有咖啡馆的存在。哪怕像埃克斯这样的小城市,咖啡馆也是随处可见。作家陈丹燕在描绘法国的生活时曾这样说过:"一杯咖啡,可以打发掉整整一个下午,再来一块散发着诱人香味和闪烁着晶莹光泽的蛋糕,夜幕就要降临了。"

在法国人眼里,喝咖啡和吃饭绝不是同一种生活态度,典型的法式咖啡喝法,是用一杯咖啡配上一个下午的阳光和时间,味道并不是最重要的,重要的是让时间在咖啡的香气中散淡的流逝,看书、写作,消磨光阴。法国的文学和艺术新思潮,都是在咖啡馆中生根发芽并茁壮成长的。毫不夸张地说,法国的咖啡文化史几乎等于法国的近代文化史。

法国人喝咖啡的习惯,更多的是在表达一种优雅的韵味,慢慢品,细细尝,浪漫与惬意就这样萦绕开来。向导告诉我,粗略统计一下,法国的咖啡馆有17万家之多,很多咖啡馆已经成为法国富有传奇色彩的历史名胜。比如巴黎的普洛可甫咖啡馆,在二百年前可以说是法国大革命的核心场所,伏尔泰、卢梭、狄德罗等大革命的核心人物都是这里的常客,就连拿破仑在成为国王之前,也在这里喝过咖啡。而蒙马特的学院咖啡馆,则是艺术家们的聚集地,著名作家海明威就经常在这家咖啡馆中寻找灵感。

据说,当时不同的咖啡馆会形成不同的文化圈子,也从而产生不同的艺术流派,作曲家、画家、作家、哲学家们在咖啡馆中互相交流,产生激烈的碰撞,著名画家凡·高还曾经居住在一家咖啡馆的阁楼,他曾经说道:"我希望在这家咖啡馆中举办一次我的个人画展。"

在咖啡、牛奶与方糖之间,法国人将咖啡文化带到了近乎脱俗的境界,对于很多人来说,在咖啡馆点一杯咖啡,抽一支香烟,世间最快乐的事情莫过于此。

品味咖啡，在优雅中慢下来

在双叟咖啡馆中，能看到白色的咖啡座、蓝色的咖啡杯、绿色的遮阳棚。耳朵里听到若隐若现的悠扬的法国抒情音乐，鼻子里闻到浓浓的咖啡香气，端起杯子喝上一口，略带一丝苦味的香醇口感瞬间在唇齿间弥漫开来，我整个人也仿佛融入浪漫的梦幻之中。

虽然喝咖啡的人很多，但是咖啡馆里依然静悄悄的，谁也不会互相打扰。窗户外面遮阳伞下的露天咖啡座里也几乎坐满了人。法国人就是这样，在外面点一杯咖啡的价格，比在家里煮上一壶咖啡还要贵上好几倍，但他们并不在乎，喝咖啡是享受生活的一种形式，慢悠悠地品尝着咖啡，悠然自得地欣赏街景。这是法国人生活中一道独特的风景，就像刚刚侍者开玩笑地和我说："泡咖啡馆是会上瘾的"。

咖啡给人带来的总是愉快和兴奋，向导说，我们今天喝的咖啡是采用了埃克斯古老的咖啡配方，选用了精品的咖啡豆，采用法式传统的烘焙技术，保留了咖啡原始的醇香，在慢慢品味咖啡的时候，我忽然想起了一个朋友讲过的趣事。

这位朋友第一次来到埃克斯的时候，由于赶时间，匆匆点了一杯咖啡，一口喝下就要走，却被老板叫住。老板重新端上一杯咖啡，告诉他，咖啡不能喝得太匆忙，要先看咖啡的成色是否均匀，轻轻摇晃咖啡杯，闻一闻散发出的香气，再慢慢地喝进一小口，含在嘴里慢慢品味，让香气在口中蔓延，最后再轻轻咽下，缓缓吐出香气。时间也不需要太久，十分钟足以让你在咖啡中获得前所未有的享受，朋友戏称，在法国没学会别的，只学会了喝咖啡。

第四章

阿尔勒·镶嵌在罗纳河上的珍珠

窗外的风景飞逝而过，曾经的烦恼也荡然无存。在世外桃源一般的普罗旺斯，我的心像是生了翅膀，在那明净蔚蓝的天空中自由翱翔。

阿尔勒就像一颗镶嵌在罗纳河上的珍珠，承载着将近两千年的历史烟云。在地中海的湛蓝晴空下，阿尔勒这座拥有丰富世界艺术遗产的古城，也是艺术家们寻找灵感的艺术之都。地中海的风吹皱了历史的书页，千年的沧海桑田过去了，阿尔勒留下了数不胜数的历史遗迹。亘古的蓝天依然明媚，从未改变的阳光依然耀眼。当我的双脚终于踏上这片神圣的土地，心忽然猛烈地跳动起来。

从历史资料里，我了解到阿尔勒原本是凯尔特族群聚落的所在地，在公元46年成了古罗马帝国的退伍军人定居的城市，也是从那时候开始，阿尔勒有了一个新称号——高卢人的小罗马。

那是阿尔勒发展史上的第一个黄金时期。

然而到了中世纪，阿尔勒因为外族的入侵而变得破败，直到12世纪，这座古城才又焕发生机。作为"艺术历史古城"的阿尔勒，被拥有两千多年历史的古老建筑群落，装点得更有魅力。

凡·高·阿尔勒的标签

阿尔勒除了有古老的竞技场,也有艺术家凡·高,这里就是传说中的凡·高之城。他在这里生活过,也在这里创作了很多优秀的作品,虽然荷兰人凡·高在阿尔勒仅仅生活了一年的时间,但是却处处留下了他曾在这里生活过的痕迹。

失望之旅,走访凡·高故居

在阿尔勒旅行,一张可以游览九处景点的Pass Monuments(通票)是非常必要的。一张通票的价格是13.5欧元,学生票是12欧元。我在观光指南处买到了这张票,不过后来知道,其实各个景点也都有卖的。

走在阿尔勒的大街上,我随处都能感受到阿尔勒古老的文化与历史的气息。

阿尔勒的建筑有很多都被刷成了黄色,阳光照耀下来,显得格外耀眼。这样的颜色让我马上想到了一幅画,《向日葵》,继而想到了画的作者——凡·高。

有人说,与其说是阿尔勒成就了凡·高,不如说是凡·高成就了阿尔勒。在阿尔勒,凡·高的痕迹随处可见,从广告牌到明信片,凡·高的画成了这里的至宝。

第四章　阿尔勒·镶嵌在罗纳河上的珍珠

我在一家卖明信片的小铺子里买了几张印有凡·高作品的明信片，看着画中的景象，对比着眼前的阿尔勒，心仿佛穿越到了百年前凡·高生活的年代。

和画中相比，阿尔勒似乎百年来都没有太大的变化。

那个百年前一文不名的画家，却在离开这个世界后成了人们尊敬的大师。他活着的时候，画作只卖出去一幅，还是弟弟偷偷托人买走的。他的愿望很简单，就是卖画的钱足够去买绘画用的颜料。然而仅仅是这样简单的愿望，还是无法实现。

面对生活的窘困，面对世人的否定，凡·高依然执着地坚守着最初的梦想。在来阿尔勒的路上，我的脑海里经常浮现这个可歌可泣的人物形象。触及阿尔勒的每一寸土地，我似乎也触及了凡·高那敏感而伟大的灵魂。

当我们瞻仰一位令人崇敬的伟大人物的时候，他的故居往往是我们最希望看到的地方。我找了一位会说英语的导游，让他带我去凡·高的故居。

导游名叫Jeffrey，棕黑色的头发，个子很高，年纪和我差不多，说起话来很幽默。他极其娴熟地给我讲了很多关于凡·高的故事，手里还拿着一大本凡·高的画册，常常走着走着忽然就停下来，翻出画册中的一张给我看，告诉我画里的景象就在我的眼前。

尽管有不少故事都是我知道的，但我还是听得津津有味。

1888年，当凡·高踏上阿尔勒这片阳光普照、充满生命力的小城，就爱上了这里，凡·高在阿尔勒只住了15个月，然而仅仅就是在这一年多的时间里，阿尔勒激发了他无限的创作灵感，他的绘画达到了创作的巅峰。

我很想去看看凡·高的故居，就是那座著名的黄色小屋。资料上说，凡·高见到这所房子的第一眼就兴奋至极，他想要和好朋友高更一起建立一间"未来画室"，还幻想将一生都奉献给这间画室，并留给后代。带着一份壮美的事业感，凡·高租下了这所房子，还买了家具，又亲自动手将房子的外墙漆成了黄色，对他来说，黄色具有极大的象征意义，这是一个灿烂的颜色，在这个颜色里，仿佛一切都能由他掌控。

为了装饰黄色小屋，凡·高画出了一系列的向日葵油画。这里是凡·高短暂的一生中最让他感到快乐的地方，为了表达他对黄色小屋的喜爱，他还专门创作了一幅油画，名字就叫作《黄色小屋》。

可是，当我们来到这里的时候，却空荡荡的一无所有，只有一个牌子上印着黄色小屋的画面，牌子上说，黄色小屋在1944年第二次世界大战中被炸毁，包括附近的小桥。我们脚下就是黄色小屋的遗址，现在能看到的房子是后来重建的，颜色也不再是黄色。

所幸，凡·高曾经用他的画笔记录了自己的房子和卧室的模样，所以人们根据他的画将他曾经居住过的地方复原了。Jeffrey又翻开了手中的大画册，把凡·高卧室的那一张指给我看。尽管明知道眼前的摆设都是假的，但是看着这些摆设和画上的一模一样，心里还是有一些感动。

对已经消失的历史进行复原，是一种怀念，但也是一种遗憾。在我走过的那些景点里，也曾看到过很多复原的景点。有的修建得很好，没有任何违和感，但是也有画虎不成反类犬的，让人一看就知道是现代的建筑，而且是充满着铜臭味的。

还记得在杭州西湖看到雷峰塔的时候，我想起了那个美丽的白蛇传说，也想到了鲁迅的《论雷峰塔的倒掉》。中国人向来喜欢完美，什么东西坏掉了，就要再做个一模一样的。其实，有时候缺憾何尝不是一种美呢？以我们今天物阜民丰的国力，就算重建圆明园也是绰绰有余的，但是，假如我们真的重建了，还会有那种历史的感觉吗？

鲁迅先生说："畅快不过是无聊的自欺。"其实重建的畅快，也正是一种无聊的自欺。我们渴望留住，但恰恰是在这种渴望里丢失了最珍贵的东西。

油画之旅，追寻凡·高灵感

也许是看出了我的失望，Jeffrey告诉我，寻访凡·高的旅程，其实才刚刚开始，这座给凡·高带来了无限创作灵感的小城，有太多地方都留下了凡·高的足迹，虽然只在阿尔勒停留了短短的15个月，凡·高却留下了200多幅作品。凡·高咖啡馆，就是我们的第一站。

凡·高的名画《夜晚的咖啡馆》一共有两幅，分别画了咖啡馆的室内和外景，我们来到的这家咖啡馆，就是当年凡·高画中的原景。如今，这里已经正式更名为凡·高咖啡馆，在人来人往的论坛广场上，这家咖啡馆黄色的外墙和遮阳棚尤其显眼。灰白的靠背座椅之间有绿色的植物，更增添了一份安闲的舒适，可能由于是白天的缘故，现实的场景比油画少了一些质感，但是依然保留着当年的原貌，来到这里的游人，没有人不和凡·高咖啡馆来一张合影。

凡·高为这家咖啡馆画的两幅画都是夜间的场景，其中室内部分是连续4个晚上在这里绘制而成，他说过："这家咖啡馆是让人自毁的地方，人在这里会发疯或者变成罪犯。"所以，他大胆地用了红色和绿色作为主色，将整幅画作突显出了绝望与诡谲的气氛。

凡·高的激情来自他所生活在的那个世界，蓝色和黄色是凡·高的最爱，在咖啡馆的外景画作上，他将这两种颜色最为主基调，画面看起

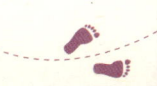

普罗旺斯·捕捉浪漫的故事

来既和谐,又欢畅。可见,凡·高是喜爱着这里的。现在我们看到的露天咖啡座,就是后人们根据凡·高的油画刻意模仿装饰而成,如果将原作摆放在这里,那么就仿佛时空静止一样,只是现实比油画多了许多喝咖啡的人,想必都是被凡·高的名气吸引而来的吧。

在一个阴天的早晨,凡·高在罗讷河边画了特林克泰尔桥,画中的大石块、小石子、沥青路面都是灰色的,天空也是没有生机的淡蓝色,

第四章　阿尔勒·镶嵌在罗纳河上的珍珠

画中一棵黄色叶子的小树，看上去病怏怏的好像就快枯死了。在罗讷河边，我们找到了凡·高当年作画的地点，但是眼前的景物和画中已经有了天壤之别，只有流动着的罗讷河和横跨罗讷河的特林克泰尔桥还依然留在原处。

沿着罗讷河边一直走，来到位于Rue Marius Jouveau旁的小码头，这里就是著名的油画《罗讷河的星空》的诞生地。这里的河岸非常开阔，河面上行驶着豪华的游艇，而不再是画中出现的当年摇曳生姿的小船。在这幅画中，凡·高画出了夜空的壮美，整个阿尔勒小城完全被凡·高用倒映在河水中的汽灯灯光表现出来。最初看到这幅油画时，我很喜欢与凡·高另一幅表现夜空的油画《星空》进行对比，《罗讷河的星空》表现得很生动，同样的蓝与黄作为主色，却能清楚地看到北斗星和北极星，在暗蓝色的光晕之下，星星仿佛在微微地闪动，如果不是还要继续下面的行程，我真想留下来看看夜晚的罗讷河星空到底是怎样的一幅壮美画面。

Jeffrey告诉我，凡·高在1888年9月创作的油画《旧磨坊》，如今依然保留着原址。如果感兴趣的话，他很乐意带我去参观一下。不过他事先告诉我，与画中相比，如今真实的旧磨坊已经更显苍老，希望我不要失望。果然，在旧磨坊的旁边，似乎隐约还存在着罗马时代城池的遗迹，路边破旧的废弃风车，让整个场景更显荒凉。在阶梯旁的树下，就是凡·高当年作画的地方，砖头堆积起来的旧磨坊全部都是灰色，灰色的石阶、灰色的大门、灰色的外墙，外墙的水泥已经大块脱落，露出了里面砖头，竟然也是灰色，靠近磨坊楼顶的部位，一扇没有窗户的独眼小窗，总让我感觉会突然出现某个人在窗口孤独的凝望。

来到阿尔勒的凡·高，认为自己找到了天堂，这里的每一处景物，

甚至一花一草都能激发他创作的灵感。在初夏时节的5月，凡·高见到了朗卢桥，并为它创作了五幅绘画作品，由于受到日本绘画风格的影响，朗卢桥的画作色彩明亮、透明，构图也很独特。凡·高在同一个角度观察朗卢桥在不同时期的光线变化，用精湛的技艺将它表现在了画布上。

不过，如今的朗卢桥已经不再是凡·高当年见到的那座，原来的朗卢桥已经于1935年被拆毁，1962年，阿尔勒政府为了纪念凡·高，按照画中的原样重新建造了一座桥，叫作曳起桥，重新建造的景致，与画中十分相似。只是，曳起桥的新址选在了城外，虽然要坐30分钟的巴士车，但是丝毫不能降低我对它的兴趣。来到桥边才发现，和我一样的来缅怀凡·高的游人还真不少，还有许多画家在桥边写生创作，不知道他们能不能像凡·高一样，在曳起桥边创造出《朗卢桥和洗衣妇》这样的传世佳作。

纪念之旅，重温凡·高余生

Jeffrey告诉我，在古罗马竞技场附近的小巷里，有一座凡·高纪念艺廊，他会向自己带领的很多游客推荐这个去处。在Jeffrey的带领下，我来到凡·高纪念艺廊的楼下，这是一座三层的小楼，从外观看更像是一个公寓，如果没有Jeffrey的指引，恐怕我无论如何都不会注意这个地方。

Jeffrey说，虽然这里的名字叫作凡·高纪念艺廊，但是里面并没有凡·高的作品，而是收藏了来自世界各地的许多艺术家们为了纪念凡·高，或是向凡·高表达敬意而创作的艺术作品，作品的风格多种多样，从前卫风格到后现代风格，从写实风格到实验风格应有尽有，整个艺廊之中给人的感觉并没有我想象中怀念凡·高的忧伤感，反而多了一

第四章 阿尔勒·镶嵌在罗纳河上的珍珠

些欢快的意味。

走出凡·高纪念艺廊,Jeffrey一脸轻松地问我,想不想去一个景色优美而且不需要买门票的地方,我欣然答应。步行没多久,眼前出现了一片广阔的绿地,许多人在这里悠闲地散步,或者带着孩子嬉笑玩闹,市区的一切喧嚣被一堵绿墙隔绝得荡然无存。Jeffrey说,这里是阿尔勒公园,也是凡·高生前非常喜欢的一个地方。公园里,还竖立着一座凡·高纪念碑,至此,我才真正感受到"阿尔勒无处不凡·高"这句话的含义所在。Jeffrey说,经常会有一些印象派的忠实拥趸者会来到纪念碑前,对凡·高表达自己的敬意,凡·高与小城阿尔勒的情谊,在这座纪念碑上得到了淋漓尽致的体现。

从阿尔勒公园出来,Jeffrey带我去了另一个和凡·高密切相关的地方——凡·高疗养院(很多人直呼其为精神病院),也叫作阿尔勒医院。

对凡·高有一些了解的人都知道,凡·高是一个患有精神疾病的人。他曾经和好朋友高更住在一起,然而两个艺术家就像两团燃烧的火焰,彼此都气势汹汹,常常因为艺术观点的不同而大吵起来。有一次,两个人激烈地争吵后,高更愤怒地拂袖而去,同样愤怒的凡·高更是激愤不已,这导致他体内埋藏的精神病基因开始发作。最后,神志不清的凡·高竟然用剃须刀割掉了自己的一只耳朵,并把它洗干净装进信封,交给了一位妓女代为保管。

从此凡·高住进了疗养院。阿尔勒的三十多位居民联名写信给市长,要求禁闭凡·高,禁止他的一切外出活动。

这段故事,Jeffrey同样绘声绘色地讲了一遍。当我们到达疗养院的时候已经是下午了。1889年4月,凡·高绘制了《阿尔勒医院中的后

153

花园》，画中描绘了当时医院中庭花园的景象，在凡·高在阿尔勒居住一百周年的时候，阿尔勒医院被改建成了文化中心，大门上方写着"Hotel Dieu"，具体的含义我并不清楚。一进大门，我就被眼前姹紫嫣红、绚丽多彩的庭院吸引住了，庭院里盛开着五颜六色的花，与其说是一家医院，更像法国贵族的后花园，中央的水池好像就是浇灌整个花园的源泉。

那些建筑还保留着当年的模样，甚至连花圃的形状也没有变化。Jeffrey又打开了大画册，眼前的风景便和画中的风景一一吻合了。这里因为凡·高而声名大振，也许因为来这里参观的人比看病的人还多，所以医院搬走了。Jeffrey说，每年都有大量的游客来到这里，一睹凡·高画中的真实情景。医院迁走以后，中庭花园完全按照凡·高画中的描述进行了改造，连周围的建筑也尽量像画中的场景贴近。

花园里开了很多家凡·高纪念品店和餐厅，如过仔细地逛一下，可以发现很多值得购买的小纪念品，在周边的图书馆里还能欣赏到经过复原的《阿尔勒医院中的后花园》等凡·高的名画。Jeffrey说，住院期间，凡·高依然没有停下画笔，画中的疗养院花团锦簇，白杨树伫立其中，虽然没有其他医院的冰冷感，但是却隔绝了凡·高与外界的接触，限制了凡·高的自由。

游览完疗养院，我们一起用了晚餐，然后告别。萍水相逢，我们就像两条线，在不经意的时候出现了一个交点，然后又各自上路。也许以后还能遇见，也许再也不见。

从餐馆出来，已是华灯初上。徜徉在阿尔勒的街巷，心里有一种宁静乃至超脱的感觉。闪烁的霓虹，就像降临人间的星辰，把这个世外桃源般的地方装点得格外美丽。

第四章　阿尔勒·镶嵌在罗纳河上的珍珠

　　凡·高是阿尔勒市的标签，同样也是圣雷米的标签，那个开满向日葵的小镇同样令我心驰神往。不过，我打算最后去圣雷米，毕竟那里距离阿尔勒还有一段距离，这样也可以给自己留一个悬念。

　　找到旅馆住下，已经是当地时间晚上八点多了。尽管走了很多路，但却不觉得有多累。或许，是这个美丽的地方让我陶醉，每走一步，都是一种享受。

古代剧场和罗马竞技场·带你穿越千年的历史烟云

阿尔勒这座古罗马时期的古城，拥有着众多古罗马时期的遗迹，可以说，拥有两千多年历史的阿尔勒古城，本身就是一座历史的纪念堂。这个仅有五万人的小城市，却被联合国确定为世界遗产，这些都得益于阿尔勒众多的罗马建筑古迹：古老的陵园、竞技场、古剧场、地下廊柱和浴场。站在火车站附近的罗讷河畔的破旧桥墩上，俯瞰整座阿尔勒城，古罗马竞技场的巨大原形建筑格外显眼，这是追寻阿尔勒古迹的一处必去景点。阿尔勒的城里和城外，到处都散落着古罗马时代的遗址，但是，向导建议我，想更好地了解阿尔勒的古迹，最好从城外开始。

陈列遗迹，在考古博物馆穿越千年

阿尔勒是欧洲古代城市向中世纪文明过度的一个范例，最早的古罗马建筑物可以追溯到公元前1世纪，像古罗马竞技场、地下柱廊等都是当时的建筑。到了公元4世纪，古罗马帝国的第二个黄金时代来临，君士坦丁浴场就是这一时期的见证。在阿尔勒考古博物馆里，记载了阿尔勒的全部历史，想要好好地来一场遗迹之旅，一定要先到考古博物馆里做一下功课。

从阿尔勒的游客服务中心向西北方向步行20分钟左右，就来到了阿

第四章　阿尔勒·镶嵌在罗纳河上的珍珠

尔勒考古博物馆。博物馆修建于一个古罗马杂技团的遗址上，由建筑师亨利·西里安尼设计建造。从1989年开始，共修建了6年，于1995年正式开放，展出了阿尔勒自远古时代到公园6世纪期间的文物，总共有1300多件，博物馆内还保留了完整的罗马遗迹和缩小模型，可以更好地了解阿尔勒断壁残垣的原貌。

阿尔勒考古博物馆是一座蓝色的玻璃建筑，外墙的颜色与阿尔勒的蓝天几乎融为一体。建筑的外形是一个不规则的三角形，围绕着中心庭院展开。资料上说，在博物馆设计期间，建筑师提出了"博览城市"的概念，将建筑设计成三角形，每个边角都可以开展不同的活动，游客在博物馆中游览，就如同漫步在遍布古迹的城市当中。

走入馆内，会有专门的导游向游客详细讲解考古博物馆的人文和地理情况。在导游的讲解下，我了解到位于三个边角的展厅的不同功能。

永久性藏品展厅，主要展出一些珍贵的藏品，复制的维纳斯雕像就在这里展出，其真品收藏在巴黎的罗浮宫，是被路易十四送往巴黎的。在阿尔勒人心目中，这件珍贵的无价之宝是被掠夺走的，带着失去珍宝的痛苦心情，按照维纳斯雕像的原作又进行了复制并展出。

文化展厅，目的是为了知识的传播与交流，包括阅览室、储藏室和公共接待服务的功能空间。这个展厅的墙面主色是白色，象征了灵魂与精神。

科学展厅，包含了考古和摄影等空间，这个展厅的墙面主色是红色，象征着活力。罗马剧场和竞技场的缩小模型，在这里都能看到，还有许多石棺也陈列在这里，石棺上刻着死者的年龄，还有用拉丁文刻下的碑文。

157

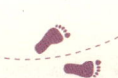

普罗旺斯·捕捉浪漫的故事

城中遗迹，地上广场与地下柱廊

在阿尔勒，大小广场遍布全城。进入市区，又来到了昨天来过的论坛广场。因为有凡·高咖啡馆的存在，论坛广场被当地人昵称为咖啡馆广场。其实，除了凡·高，这里还保留着另一位名人的足迹，那就是1904年诺贝尔文学奖获得者——普罗旺斯诗人米斯特拉尔（Frederic Mistral），为了创办一座民俗博物馆，他捐献出了自己的诺贝尔文学奖的奖金，博物馆内展出了普罗旺斯日常生活的细节和阿尔勒女子的传统服饰。

如今，米斯特拉尔的雕像毅然矗立在论坛广场上，是后人为纪念这位伟大诗人为复兴普罗旺斯文学而执着奋斗的一生。他和凡·高一起，将论坛广场烘托出了浓郁的文艺气息。对当地人来讲，米斯特拉尔是一位伟大的人物，很多来这里的游客都会与这座雕像合影留念。

共和国广场是整个城市的核心，建于15世纪，广场中央矗立着用土耳其花岗岩制成的方形尖碑。向导说，方形尖碑以前是属于罗马战车剧场的，从17世纪开始移到了现在的地点。关于方形尖碑的传说，我也听说了另一个版本，据说是在法国殖民印度时期，从印度手里掠夺过来并安放在这里的，也许是为了炫耀自己的武力，不过，传说只是传说，听听就好，不可全信。

广场的北侧是建于1673年的市政厅，在里面可以欣赏到细腻的雅典石雕。广场西边还有罗马集市、地下柱廊和阿拉坦博物馆，东侧是圣特罗菲姆教堂、古罗马竞技场和罗马剧场，西南方向，还有圣朱丽安教堂、雷阿切博物馆和罗马君士坦丁浴场的遗址，老旧的建筑很容易让人产生穿越时空的错乱感觉。

第四章　阿尔勒·镶嵌在罗纳河上的珍珠

精致的广场上矗立着古老的建筑，让一切历史都变得有形起来。广场中间的方形尖碑与市政厅相得益彰，孩子在广场上欢乐地玩闹，鸽子在人群中肆意地飞翔，也许是这里的人们实在友好，鸽子是不怕人也不躲人的，有着单纯的不怕人的眼神。广场周边还有一些咖啡馆和冰激凌店，在长凳上坐一坐，喝杯咖啡，在古老的建筑群落中静静地观看街头艺术家的表演，好好地享受一下中世纪小镇的美景。

一对韩国人情侣拿着一幅凡·高咖啡馆的图画来向我问路，由于我对这里的道路并不很熟悉，没办法很好地用英语表达出来，比画了半天好像也没让他们明白到底该怎么走。好在一位热情的当地人听懂了他们的来意，表示愿意亲自带他们过去，总算替我解了围。

从阿尔勒市政厅门前的旋转楼梯走下去，就可以来到另一处遗迹——地下柱廊。这些都曾经是古罗马集市的柱廊，这些当年建筑在地上的柱廊，随着两千多年来的城市建设，如今都被湮没在地下好几米处。如今的地面比两千多年前高出了许多，柱廊上面的曾经的建筑早已被摧毁，因为柱廊埋在地下，所以得到了很好的保存。地下柱廊很长，大约有七八十米，分成了南廊、西廊、北廊三段长廊，在昏暗的灯光下，仿佛还能看出当年威武的模样。里面虽然黑暗，却很温暖，有点像我们国内城市中曾经修建的防空洞，这里也像一座地下的博物馆，蕴藏了千百年前人类的历史和智慧。

石棺遗迹，世界上最浪漫的墓地

一直以为，石棺公园只是一片死气沉沉的墓地，到了才知道，这里从19世纪开始，已经成为浪漫的步行大道，公园中葱郁的树木，更增添了许多静谧的氛围。

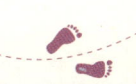

普罗旺斯·捕捉浪漫的故事

石棺公园的原名非常有意思，叫作Alyscamps，与香榭丽舍大街（Champs-elysees）其实是同一个词，都源自拉丁文Alyscamps，意思是"为帝国牺牲的英雄大道"。在古罗马时期，阿尔勒城内禁止埋葬尸体，所以专门修建了通往城外墓地的大道，石棺公园作为阿尔勒的墓地，曾经被使用了1500年之久，主要埋葬富人，阿尔勒的第一个大主教罗菲姆也埋葬在这里。

关于罗菲姆还有一个传奇故事，传说基督曾在罗菲姆大主教的棺材上显灵，留下了一个膝盖印，从此石棺公园这座墓地名声大噪。欧洲各地的富人去世后，家人都会将棺材送到这里埋葬，以寻求殉道者的保护。如今，一些保存完好的棺材都在阿尔勒古罗马博物馆里保存。由于这里的环境有着闹中取静的意味，因此也成了凡·高和高更最喜爱的写生外景地之一，也正是由于两位艺术大师的到来，让石棺公园成为知名的旅游景点，许多绘画爱好者也会寻着大师的足迹，到这里取景。

残酷遗迹，竞技场当年弱肉强食的搏杀

拉马丁广场如今已经变成了一个停车场，广场对面就是骑兵门，仿佛一对粗大的石柱，还有一些坍塌的城墙。这里就是阿尔勒的北大门，沿着骑兵大街一直走，就能看到很多古罗马建筑。

所有这些古老的建筑中，最能让人浮想联翩的就是庞大的古罗马竞技场，可以说，这是当时罗马政治、文化、艺术水平所到达的巅峰之作。站在它的脚下，我不禁被它的壮阔外形所震撼。向导介绍，这里是普罗旺斯地区保留得最完整的古罗马式遗迹之一，它有着独特的椭圆外形，纵长136米，横宽107米，有两层楼和50座拱门所组成。

登上最高处，可以俯瞰整个阿尔勒的市容。竞技场长69米，宽40

第四章　阿尔勒·镶嵌在罗纳河上的珍珠

米，由一堵保护墙与看台隔开，能容纳2.6万名观众，如果你看过电影《角斗士》，站在古罗马竞技场的看台上，脑海中一定会浮现出当年的奴隶角斗士为了生存，或者为了荣耀和尊严而进行的残酷拼杀，耳边仿佛听到武器碰撞的铿锵声，还有观众在战车比赛和徒手格斗的血腥搏杀中狂呼呐喊。

向导一直在绘声绘色地讲解古代观看真人角斗的场景，他说当年观看演出的时候，座位之间有严格的等级划分，长老议员是一定要坐在最前面的，在长老议员后面的是贵族的座位，最后面才是平民的座位。如今的竞技场，外墙仍然保持完好，但场内由于年久失修，座椅已经一个不剩。60个粗犷厚实的双层叠柱围绕在外墙，斑驳的痕迹向人们诉说着悠久的历史。

现在，人与人之间的野蛮的厮杀行为已经不复存在，取而代之的是盛大的西班牙斗牛。每年的复活节前后，这里都会上演普罗旺斯最重要的斗牛节庆活动。可是在我看来，人与无辜的牛之间的拼杀依然残酷，我并不想看到那样的场景。向导笑着告诉我，斗牛士的目标不是为了杀死公牛，而是为了从牛角上取下一种饰品，并不是我想象的那样血腥。这个有近两千年历史的建筑，如今依然在发挥着作用，在夏天的时候，这里还会举办一些音乐会等演出。

罗马竞技场的周围还有许多小店铺，贩卖一些当地的纪念品，包括普罗旺斯花布在内，所有的纪念品都有着鲜艳的颜色，与灰色的竞技场形成了鲜明的对比。在咖啡厅里，可以一边喝着咖啡，一边欣赏这座旷世的建筑杰作。

旁边的罗马剧场建造于1世纪，是阿尔勒最古老的剧场之一。这里原先是一座堡垒，后来建成了一座露天的剧场，建筑材料和风格与竞技场很像。和很多罗马时期的古建筑一样，罗马剧场既高大，又坚固，整个建筑都由高大的柱廊和大块的石头垒成。的确，千年后的今天，罗马剧场依然存在，虽有破损，但丝毫不影响它雄伟的气势，站在里面，依然能遥想古罗马当年的繁华和绚烂。

剧场的直径达到102米，整个建筑由一个带有27个孔洞的外部柱廊支撑着。如今的罗马剧场，受损非常严重，保留着当年的一个开间。曾经的石材已经被拆掉用作其他的用途，仅剩下了两根古罗马柱，当地人戏称它们为"两寡妇"。从两根孤独的大理石柱中间，可以隐约看到被损毁的舞台后侧的墙壁，大理石的舞台地面已经破碎，还留着一些残存的大石头，但仍然可以想象出当年的华丽气势，幕槽、乐池和部分台阶依稀可见。

第四章　阿尔勒·镶嵌在罗纳河上的珍珠

　　剧场共有三层，向导说，这里加设了座椅的观众席，可以容纳8000名观众，现在已经成为阿尔勒节庆的举行地点，特别是夏天的晚上，许多演唱会和歌剧表演都会将这里选作主会场，断壁残垣配上现代的改良，一半古旧一半现代的风格，在星空下享受演出，更别有一番韵味。

　　建于4世纪的康斯坦丁浴场，就位于罗讷河的附近，由当时的康斯坦丁大帝下令修建，也是普罗旺斯地区现存的最大的公共浴池。古罗马人非常喜欢在公共浴池里洗澡，那时候的人们就已经有了最原始的SPA方式——将澡堂的水温分成三个区域，先在热水池里浸泡一会儿，再过渡到温水池浸泡，最后再到冷水池洗净并按摩全身，整个过程下来，身心都能得到极大的放松，非常舒适。看来，法国还真是一个自古以来就懂得享受的国家。

我眼前的康斯坦丁浴场几乎已经成了一个废墟,丝毫想象不出当时的原貌是什么样子。向导介绍,现存的浴场长98米,宽45米,从门口开始数起,从左到右依次是冷水区、温水区和热水区。除了进行身体清洁,人们还可以在这里的角力场进行锻炼。古罗马人的智慧让现代人不得不感到佩服,由于没有现代化的加热设备,当时的古罗马人在地下修建了砖窑管路,用来加热并输送热水。虽然如今已经全部变成了断壁残垣,但是依然能在遗迹中感受到古代劳动者的伟大。

圣特罗菲姆教堂·中世纪如在昨天

在共和国广场的市政厅向罗讷河延伸的共和国街周边,有圣特罗菲姆教堂和阿拉坦博物馆等中世纪遗留下来的古迹,它们散发着浓厚的古罗马气息,也见证了阿尔勒这座曾经浸润在古罗马文化中的古城向西欧中世纪文化融入的进程,同时也将阿尔勒城变成了一个巨大的博物馆。

教堂膜拜,感受中世纪遗风

在我住的酒店房间隔壁,住着一个虔诚信奉宗教的英国女孩。一天晚上她顶着湿漉漉的头发敲开我的门,原来是吹风机坏了,想借我的用一用。就这样我们便熟络了起来。她叫Jane,也是独自来法国旅游。我们愉快地相约,第二天一起到阿尔勒著名的圣特罗菲姆教堂和博物馆去走一走。

11世纪到12世纪之间,阿尔勒再一次成为地中海地区最具魅力的城市,圣特罗菲姆教堂就是当时众多的普罗旺斯古罗马式建筑的代表,这座白石古典建筑,也是普罗旺斯罗马式建筑的伟大杰作,体现着罗马建筑的辉煌。与其他城市的教堂不同,古老的文化在圣特罗菲姆教堂里沉淀。在长达1700多年的时间里,圣特罗菲姆教堂一直作为大主教教区而存在,1981年,圣特菲姆教堂与古竞技场、罗马剧场等古罗马遗迹一起，被列入联合国教科文组织的《世界文化遗产》名录。由于圣特菲姆教堂位于著名的圣地亚哥朝圣之路上，所以在中世纪时期，这里曾被无数朝圣者顶礼膜拜。

圣特罗非姆教堂建于11世纪末至12世纪初，整座教堂散发着中世纪的气息，外观是仿罗马式建筑，宏伟的外观给人一种压迫感。这里最出名的就是教堂正面和回廊上的雕刻。Jane告诉我，教堂入口处的半圆形雕刻上，雕塑的是"最后的审判"的故事情节，还雕塑着耶稣和四大福音的坐姿雕像，下面紧密地排列着十二信徒的雕像。虽然历经千年，但是雕像依然栩栩如生。

回廊的入口在教堂右侧深处，穿过一道厚重的大门，就来到了静谧的回廊。回廊是四方形的，四个方向的建筑分别建于不同的年代，两侧罗马式的建筑是建于12世纪，而另外两侧的哥特式建筑则建于14世纪。回廊中每一根石柱上面，都精细地雕刻着不同的人像，将教堂衬托得异常华丽。这也是圣特罗非姆教堂回廊最出名的地方，每一个浮雕都值得仔细欣赏与回味，让人产生一种对历史的遥远怀想。回廊拥有古典式的罗马钟楼，中央还有一块绿色，为整个灰白色的建筑带来了一丝生机。

进入教堂参观是免费的，走进教堂里面，无形之中会感觉到一些神圣的气息，内心不知不觉平静了下来。

教堂内的装饰既精致，又古朴，透出庄严和高贵的气质，教堂里面的雕塑更加精彩，无论拱廊还是柱子，都有着千姿百态的雕刻作为装饰，让人叹为观止。教堂里面有一些正在虔诚祷告的人们，更为这里增添了一丝肃穆的氛围。庭院里隐约能听见唱诗的歌声，听上去宛转悠扬，让我感觉在法国，艺术简直无处不在。

坐在教堂门前的台阶上，可以看到广场上的喷泉，孩子们在喷泉边

自由地嬉闹，还有街头表演艺术家在悠闲地表演。Jane问我，在法国旅行的这些日子里，我印象最深的是什么。我说，是随处可见的教堂。每一座教堂都有着不同的外观和传说，承载着不同的历史，法国人的生活节奏很慢，但是很充实，一切都因为他们心中有着各自的信仰。也许正是有了这样的信仰，让法国人的性格里多了一些热情和友好。在法国的这几天里，总是有一些好心的法国人对我施以援手，问路时会遇到热心的法国人亲自带我到达目的地，去公共厕所时由于身上没有硬币打不开厕所的门，会有好心的法国人把自己的硬币送给我……这样的例子还有很多，他们对别人的帮助，全部出自一种不假思索的本能，仿佛天生就将"乐于助人"四个字刻在了脑海里。

　　与圣特罗菲姆教堂同样位于共和国广场上的古建筑，还有阿拉坦博物馆。它建于16世纪，曾经是Hotel de Laval Castellane的私人住宅，建筑外观充满了普罗旺斯风味。正是如此，诺贝尔文学奖获得者，同时也是一位坚定的普罗旺斯主义保护者米斯特拉尔（Frederic Mistral），在20世纪初用诺贝尔文学奖的奖金将它买了下来，并且花费了大量的心血，将它改建成了博物馆，里面陈列的全部展品都具有典型的普罗旺斯风格，想了解阿尔勒的风俗，就一定要到这里来参观一下。

　　在博物馆的大门口，有穿着民族服饰的工作人员在门口迎接我们，进到里面，能看到围绕着整个建筑的中庭，博物馆共分成了32个展览厅，游客可以一边欣赏里面的展品，一边欣赏这座古老建筑的外观和漂亮的院落。作为一名普罗旺斯主义的保护者，米斯特拉尔最初修建阿拉坦博物馆的目的，就是为了延续和发扬普罗旺斯的文化，因此，博物馆中的展品，都能很好地代表普罗旺斯的风俗和文化，家具、瓷器、手工艺品、服装、铁艺品……每一件展品都是普罗旺斯不同时期的代表。

第四章 阿尔勒·镶嵌在罗纳河上的珍珠

Jane曾经不止一次来过法国，她说，上次来到阿尔勒，一座有着灰白色外墙和红色大门的建筑给她留下了深刻的印象。这里就是勒杜博物馆，因为收藏了毕加索的作品而受到关注。虽然去过一次，Jane非常愿意带我再去一次。她非常兴奋地说，每个月的第一个周日会免费向公众开放，所以我们正好可以免费进去好好欣赏一下了。

勒杜博物馆位于罗讷河畔，鲜红色的大门在灰白色建筑之中果然格外显眼，这里主要展示普罗旺斯的艺术家们在18至19世纪的绘画和摄影作品。但是最出名的，莫过于毕加索向勒杜博物馆捐赠的两幅画，以及1970年创作的57幅素描画作。博物馆中的环境非常优美，在这样的环境中观看艺术，的确可以享受到放松的乐趣。这个富有想象力的博物馆有着独特的布置，不同的区域展示着不同风格的作品，最奇特的竟然是还展出了两个大铜锣。我们的法语不好，也无从知道它们的来历和意义，只是觉得非常新奇。

严格来讲，我并不是一个懂得绘画艺术的人，对毕加索的画作我也不太懂得欣赏，反而是博物馆中的摄影作品更吸引我的眼球。这里是一个艺术的综合体，不同风格的艺术家们在这里仿佛有了某种无形的联系。在这里，我们度过了非常有意思的一个小时，Jane笑称，无论对画家或者买家来说，绘画都是昂贵的艺术，懂得欣赏，就是对画家最大的尊重。

圣雷米的向日葵·寻找最后的凡·高

普罗旺斯除了盛产薰衣草，还盛产向日葵。薰衣草的紫、向日葵的黄、地中海的蓝，融合在一起形成了普罗旺斯的代表色调，许多画家和摄影师都喜欢把这些元素作为创作题材。凡·高最钟爱的，就是向日葵，他曾经为向日葵创作了不少油画，光是大众熟知的就有十几幅，插在花瓶中的向日葵充分体现了普罗旺斯的特色，这里的人喜欢将向日葵插在花瓶中欣赏，这在其他地方很少能见到。而圣雷米的大片向日葵田地，就是凡·高灵感的来源。我决定要去那里看一看，亲身感受一下凡·高画笔下那热烈的如同火焰一般绚烂的大片金黄。

圣雷米，寻找最后的凡·高

与法国南部的其他小镇一样，圣雷米也是一个迷人的小地方，这里很安静，带着文化气息，有着历史沉淀的气质，也充满了田园风情，因为有了凡·高的足迹，圣雷米被世人知晓，尽管凡·高已经去世一百多年，但是依然有源源不断的游人来到这里寻找凡·高最后的生活痕迹。在小镇中漫步，随处可见凡·高创作的画作指引游人的路线，画里出现的场景，在周边能都找到原型。

这的确是个美丽的小镇，慵懒的阳光照耀在古罗马式的建筑上，灿烂奔放的向日葵和紫色的薰衣草散发出阵阵让人微醺的花香，墙壁上肆

第四章 阿尔勒·镶嵌在罗纳河上的珍珠

意攀爬的常春藤和绚丽的小花朵成了每户人家的点缀，隐藏在大街小巷中的艺术馆和画室，仿佛告诉游人这里是一个诞生艺术家的地方。

凡·高生前说过自己最大的心愿："总有一天我会找到一家咖啡馆展出我的作品"。然而就是这样小小的愿望，最终也没有被实现。在凡·高的整个创作生涯中，只卖出过一幅价值4英镑的油画，当有人因此而嘲笑他时，他反问道："艺术难道是为了卖吗？我认为所谓的艺术家，指的是那些始终在寻求，但未必一定有所收获的人。"他也曾在弟弟提奥面前这样评价过自己："我像一条狗一样活着，我认为，未来会让我更加丑陋，也更加粗野，我能预感到，一种无法想象的贫穷，将最终成为我的命运，但是，我终将成为一名画家。"

不知道是不是心理原因，我总觉得圣雷米的阳光有些与众不同，既清爽又灼热，既明亮又灿烂，所有植物的颜色在阳光的照耀下似乎都格外鲜艳，这里拯救了凡·高的艺术生命，也给他带来了心灵的慰藉。

向日葵，凡·高的灵感源泉

凡·高最初的画作，色调比较低沉，后来，他渐渐地爱上了太阳和阳光，这可能也与他的信仰有关。从此以后，他的作品逐渐由低沉变得明亮，色调更加欢快，仿佛在歌唱他的理想与希望。凡·高用一生的时间在追逐着太阳，他的画面上充斥着阳光下的色彩，向日葵这种用一生去崇拜太阳的植物，在凡·高的画作中最经常出现。他常说："黄色何其美。"他认为黄色是光和热的象征，是太阳的忠实崇拜者，对他来说，向日葵是一种不寻常的花朵。

他用绚烂的笔触、奔放的笔法去表现向日葵的美丽，用灼热的色彩表现出内心的狂热情感，正是这样的画作才能如此打动观众的心灵。

普罗旺斯·捕捉浪漫的故事

当汽车缓缓地行驶在安静的乡间公路,进入圣雷米郊外的向日葵田时,那一片仿佛只有童话世界中才能出现的金黄色彩,让我终于了解到凡·高是如何获得了那样灵动的艺术灵感,原来凡·高创作的油画并不是虚构的,他只是在记录现实。

就在我以为马上可以到向日葵田里近距离欣赏的时候,向导告诉我,这里不可以停车,我们要再向前开一段距离才能下车,然后步行走回向日葵田。这一开就是几百米,回头望去只能隐约看见向日葵的影子。

人就是这样,越是难以见到,越是相见。抱着对大片金黄的憧憬,我们转身开始步行前进。7月的圣雷米,阳光晃得人睁不开眼睛,晒在身上暖暖的,有些灼人。天空是那么清澈的蓝,只有薄薄的雾状白云飘在空中,一切仿佛画中的场景。有这样的美景相伴,即使脚下的麦秆有些扎脚,也阻挡不了我们向着向日葵前进。

第四章 阿尔勒·镶嵌在罗纳河上的珍珠

随着脚步不断前行，向日葵在我眼前变得越来越大，一行一行的向日葵在花田里整齐地列队，大大的花盘仿佛笑脸般迎着太阳的方向，那是怎样一个壮美的场景。整片向日葵花田仿佛没有尽头，向远处眺望，只能看见一层一层的金黄，最后变成绿色叶子中点缀的黄色亮点。

我本想用相机记录下这片金黄，可惜个子不够高，无论怎样举高手臂，还是不能拍摄到完整的画面。但是，与向日葵们站在一起，感觉自己也是朝气蓬勃的。可以想见，当凡·高见到这样绚丽的一片颜色时，内心是有着怎样的狂喜。当初凡·高用遒劲的笔法，画出了向日葵花芯火红怒放的感觉，仿佛一团正在燃烧的火球。

画作包含着激情，花朵有着夸张的形体，黄色的花瓣发射出太阳般的光芒，每一朵花都被凡·高赋予了无尽的生命力。几乎每一幅向日葵的画作，凡·高都用很短的时间完成，甚至有些地方还在仓促之中露出了画布，即使这样，他的艺术造诣也达到了让后人难以企及的高度。

眼前成片的向日葵仿佛认准了扎根这里，世代生生不息，就像凡·高曾经说过的："人们如果确能真诚相爱，生命则将是永存的。"我更加深信，凡·高是爱着这里的，他愿意在这里画上一生一世。

疗养院，凡·高的精神禁闭所

圣雷米疗养院位于圣雷米小镇边上两公里的地方，前身是圣保罗修道院，这里是一个精神病患者疗养院，凡·高当年就住在这里，在与曾经的至交好友高更大吵一架之后，凡·高割下了自己的一只耳朵，之后精神疾病急剧加重，甚至开始吞食颜料。

在雷医师的介绍下，他主动搬进了这所疗养院。这时的凡·高，不仅对前途感到迷茫，甚至还陷入了对精神疾病深深的恐惧之中，每

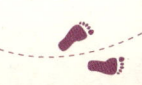

隔几个月就会发一次病,恢复正常之后又会变得异常的清醒,清醒后的凡·高会带着画板到户外作画,仿佛他孤独的人生只能通过绘画来救赎。

在清醒的状态之下,凡·高的画作一幅比一幅成熟,用色一幅比一幅大胆,每一幅作品都令人感到震撼。凡·高起伏不定的情绪,变成了画面中具有强烈视觉冲击的配色,他复杂的情感,变成了画面中旋转的线条,而他想要向全世界表达自己的冲动,变成了画面中粗犷有力的笔法。

1889年,凡·高还在疗养院创作了油画《圣雷米疗养院与教堂风景》。如今,这里变成了凡·高博物馆,向公众开放凡·高曾经居住过的简单得不能再简单的房间。一张铁质的简易单人床上只铺着白色的床单,床头立着木质的花架,上面还放着凡·高曾经的画作。床边的墙上,挂着凡·高割下耳朵之后,包扎着纱布的自画像,浴室里有着大大的澡盆。从窗户望出去,可以看到疗养院的后花园中盛开的薰衣草。外面明媚的阳光照在幽暗的柱廊之中,明亮与阴暗形成了鲜明的对比。

除了凡·高的房间以外,疗养院还同时开放了几个陈列室,主要展示凡·高生前使用过的物品。我还在想,这里难道已经预知了凡·高日后的成名,事先保留了他生前的用具?经过工作人员的讲解我才知道,原来这些物品都是后来复制的,并不是原物,因为谁也不会预料到一个精神病人会成为举世皆知的艺术家。

由于凡·高在刚入院时精神状况非常不好,所以医生禁止他画画,直到一段时间以后,他的精神状况稍好一些,才得到了院方的允许。在疗养期间,凡·高创作出了他最知名画作《星空》,画面中的星星和月亮,仿佛与远处卷曲的大地连成了一片,植物也呈现火焰般扭曲的形状

第四章 阿尔勒·镶嵌在罗纳河上的珍珠

直冲天际,远处的圣雷米小镇中家家亮着暖黄色的灯光,安静而祥和。

除了《星空》以外,凡·高在疗养院期间还创作了一百五十多幅油画和一百多幅素描,《两棵碉树》《圣雷米的风光》《橄榄园》《鸢尾花》等名作都是当时的作品。凡·高最喜欢在疗养院的花园里散步,也喜欢把这里作为创作的对象,院子里的柏树、杨树、橄榄树都在他的画中出现过。在凡·高画过的地方,都会贴上画作的原图,并配上标记,如果感兴趣,可以对比一下如今的景物和当年是否一样。

疗养院院子中的过道两旁绿树成荫,灌木在旺盛地生长,将整个过道笼罩在一片生机之中,白色的石砖小路铺得笔直,幽静的小路非常适合散步。在过道上总是能看到凡·高的画作挂在墙上,画中出现的鸢尾花仿佛不是植物,而是手工编织的艺术品,铺天盖地地充斥着整幅画作,画中没有天也没有地,只有满满的重复出现的花朵从画面中呼之欲出,给人繁花盛开的感觉。凡·高的自画像也挂在过道边的墙上,画中的凡·高眉头微锁,眼神有些发散,仿佛若有所思,不知道是不是在想下一幅画的主题和构图。

院子里有一个小花园,非常有特点,将绿色的矮灌木丛修剪成了俄罗斯方块的形状,每个图形的中间种着不同颜色的画,多个图形组合在一起,又拼成了一个正方形,姹紫嫣红,非常好看。

院子里还有一座凡·高手拿向日葵的铜像,手中枯萎的向日葵虽然更加让人感到他的一身落魄,但铜像雕塑而成的凡·高,依然有着如炬的目光和倔强的神情。

其实,除了向日葵,凡·高对柏树也有着独特的情感。在写给弟弟提奥的信里,凡·高这样说道:"这些柏树总萦绕在我的脑子里,我真想像画向日葵那样,把它们画出来。因为我感到奇怪,至今我竟然没有

普罗旺斯·捕捉浪漫的故事

一件作品表现出我心目中的柏树。它们宛如黑色的音符,跳跃在阳光明媚的风景中,这些黑色音符既富有神韵,却又极其难以演奏好,我画了两幅柏树的油画,我认为,打草图的那一幅比较好。画面上的柏树高大坚实,前景很低,布满荆棘和灌木丛。紫色山峦的背后,露出青里透着粉红的天空,天边高悬着一弯新月……"

其实,凡·高以柏树为主题的画作并不少,在我大学期间的艺术赏析课上,老师曾将凡·高的代表作制成幻灯片为放映,其中就包括柏树的主题。老师曾经这样向我们讲解道:"在疗养院居住期间,柏树在凡·高心目中甚至取代了向日葵的地位,画中的柏树被凡·高用颤动的粗短线条来表现,绿色的枝叶仿佛火焰一般盘旋向上生长,这时的凡·高已经陷入疯狂……"

疗养院的后花园是一片开阔地,种着成片的紫色薰衣草,可能由于面积不大,所以感受不到那种紫色花海的浪漫感觉,反而是后花园边上的植物墙,每隔一步的距离就有一个凡·高画作的小木牌,处处都在彰显"凡·高曾经来过"。

人们常说:"天才与疯子只有一步之遥。" 所以很多创作出旷世杰作的艺术家,总是有着接近癫狂的状态。也许疯子与正常人相比,对世界的认知是完全不同的,而正是这些不同,让无数美妙绝伦的艺术佳作留在了世间,被后人称颂。有人说缺失的美才是真正的美,得不到的才是最珍贵,尽管如今一幅凡·高的画作动辄可以拍卖出几千万美金的天价,但是这一切已经全部与凡·高无关。

1890年7月27日,凡·高借口要打乌鸦借了一把手枪,在一片麦田中将子弹射进了自己的身体。凡·高的死,让那个曾经在田边尽情挥舞画笔的疯子,就这样以悲剧为自己短暂的一生收场。也许就像他在《盛开

第四章　阿尔勒·镶嵌在罗纳河上的珍珠

的桃花》中提的那句诗："只要活人还活着，死去的人总是还活着。"凡·高去世以后，棺椁上被人放上了向日葵，如今的凡·高，依然孤零零地睡在巴黎郊外的墓地，陪伴着他的只有自己的弟弟提奥，还有由加歇医生当年亲手栽下的常春藤和来世界各地凡·高崇拜者送来的鲜花。只要人们看到向日葵，就会不自觉地想起凡·高。

烤比目鱼·一场视觉与味觉的盛宴

　　法国向来被称为"美食的国度",法国菜有着细腻的口感、美味的酱料、诱人的香气,连餐具和摆盘都堪称精美的艺术品,人们总是习惯把法国菜称为"法式大餐",除了因为隆重以外,还因为法国菜上菜的速度很慢,一顿饭可以吃上几个小时,其中大部分的时间都在等待上菜。

　　法式大餐的选料也总是很名贵,蜗牛、青蛙、鹅肝、松露,用餐的程序也很有讲究,开胃菜、海鲜、肉类、乳酪、甜点,每道菜都按照严格的程序上桌,重要的不是吃得多少,而是享受用餐环境,享受生活。

　　然而来到南法的小镇里,我对正统的法国大餐并不是很感兴趣,总是想尝一尝具有典型当地特色的美食。出发之前,我在网上仔细地做了功课,阿尔勒最出名的美食是烤比目鱼。我在国内从没有吃过这道菜,网上对比目鱼美味的评价以及诱人的图片让我食指大动。我决定好好地逛一逛阿尔勒的小城和集市,顺便满足我对美食的欲望。

漫游古镇,感受中世纪的红瓦黄墙

　　阿尔勒小城的房子虽然采用简单的建筑材料,但是全都拥有绚丽的色彩,处处体现出中世纪的风情。火焰般的阳光照耀在古朴的红色房顶

普罗旺斯·捕捉浪漫的故事

和黄色墙面上，在蓝天白云和绿树的映衬下，显得更加简洁明快，尤其是在透明的蓝天下，土黄色的砖块墙面，会给人很温馨的感觉。

许多人家还会在古朴的木窗边装点一些鲜艳的花草或绿色植物，显得更加生机勃勃。法国人非常讲究居住环境，总是舍得在房子的装修和布置上花费很多的金钱和精力。

著名作家池莉曾经说过："原来阿尔勒小镇从古罗马时代就格外阳光灿烂，就颜色格外鲜艳，就人与物都具有格外的风情。"在小城中散步，仿佛时光的流动都显得散漫而慵懒。有人说，法国不适合急性子的人居住，这个民族喜欢优哉游哉的生活。尤其是在阿尔勒，一切都透着简单却不失愉悦的氛围。

窄窄的古老蜿蜒的小巷，一看就置身于古老的欧洲小城。小巷里

第四章　阿尔勒·镶嵌在罗纳河上的珍珠

的石阶在天长日久的摩擦之下已经开始发亮，光滑又干净。无论任何时候，小巷里都很静，穿着运动鞋也能听到自己走路的声音。眼睛望向小巷的深处，仿佛还能看见扎着围裙的老妇从小巷中慢慢走过，小毛驴背上背着成捆的薰衣草，在台阶上踏出欢快的节奏。这样艺术而古朴的地方，到处都能给人创作的灵感，难怪人家都叫这里为最有童话色彩的古城。

沿途遇见了几家小型的旅馆，我最惊讶的是里面的布置竟然非常温馨，如果不是向导告诉我，我还以为这里是居民的住宅。阿尔勒的艺术格调真的是处处都能得到体现，从旅馆敞开的大门看进去，还可以看到墙上挂着一些凡·高的油画，我猜，老板一定是个有品位的人。

一家小巧的书店布置成了咖啡馆的模样，虽然看不懂法文的书籍，我还是忍不住想进去坐坐。老板正好有空，过来和我们闲聊，他说，现在正好是阿尔勒的摄影节，书店里有很多与摄影节有关的书籍和画册，还拿来了好几本让我翻阅，画册中的照片全部带有浓重的阿尔勒风情：阳光、麦田、向日葵、乡间、集市，从照片里仿佛能闻到薰衣草的花香。我喜欢这样挑选图书的氛围和老板的亲切热情，仔细选择之后，我购买了一本《阿尔勒摄影图集》和《凡·高画作赏析》，里面的文字也许我永远也不会理解，但以后的某一天，当我看到这两本书时，就会回忆起在普罗旺斯度过的浪漫假期。

也许是为了配合阿尔勒摄影节的艺术氛围，街边的许多建筑都做了一些特殊的彩色装饰，装饰的造型也很特别。有的是油画，有的是时装，甚至有的是彩色的地毯，在这里拍照，几乎不用选景，随处按一下相机的快门，都能留下美好的纪念。

城内分布着很多小店，无论是店面的装饰，还是里面出售的商品，都非常有情调。经营调料的干货店，也有着可爱的门面，不仔细看，更像是一家有情调的咖啡店。向导问我，想不想去看一看橄榄油的制作过程，他和一家橄榄油庄园的老板很熟。我的眼睛一下子亮了起来，迫不及待地点头。

转过了几条街道，我们来到了一个古色古香的店面里，货架和货柜都是实木打造，倒有些像是中国古代的书房。向导说，这是一家百年老店，这里出售的橄榄油是很多顶级餐厅的指定用油，品质非常不错。

老板是个胖胖的中年男子，有着大大的啤酒肚和两撇小胡子，看到我们非常热情，指引着我们向店面的后门走去。原来这里通往橄榄油的生产车间，这真是一个硕大的空间，分隔成好几个区域，橄榄果称重区、粉碎区、油水分离榨取区，榨好的橄榄油装在一人高的大罐子里，当地的居民经常拿着自家的油桶，称重购买。而那些包装好的橄榄油大多是卖给游客或作为礼品销售。

除了橄榄油，这里也有罐装的橄榄酱出售，这也是一道在普罗旺斯地区的餐桌上经常出现的美食，将切碎的黑橄榄与凤尾鱼和马槟榔搅拌在一起，倒入橄榄油、柠檬汁和百里香制成，吃吐司的时候涂上一些，非常美味。

集市购物，省钱之旅

向导告诉我，在阿尔勒，不能错过集市就好像不能错过寻找凡·高的足迹一样重要。在集市上，可以最真切地体会到当地居民的生活状态。

普罗旺斯的集市最热闹的时候都在周末开市，好在阿尔勒每周三也会有集市营业，否则我就差点错过了，虽然规模相对周日小了一些，

第四章　阿尔勒·镶嵌在罗纳河上的珍珠

但是一样热闹。阿尔勒的集市让整个小城充满了生活的气息，从一大早开始，集市就热闹开市。昨天从集市路上走过的时候，街道上几乎没有人，两边的商店里面也很冷清，可是今天的集市上聚集了多达百余个摊位，挤满了整条马路，到处都是逛集市的人群，而且大多数都是当地人。

南法的姑娘们穿着色彩鲜艳的吊带裙走在集市的路上，非常吸引人，连逛集市的大叔们都穿着活泼的T恤、戴着色彩鲜艳的帽子和大大的墨镜，好像根本不是来买东西，而是参加一场时尚聚会。

几乎每个摊位上都支起五颜六色的遮阳棚，出售新鲜的水果和蔬菜，色彩缤纷又鲜活欲滴，还可以尽情品尝当地美味的特产：面包、烤鸡、橄榄、香肠无所不有。还可以选购一些当地的衣服、鞋子、花布作为纪念品。向导悄悄告诉我，这里出售的普罗旺斯特产非常便宜，有些商品的价格甚至比超市还低，如果喜欢什么，就尽情选购吧。

出售香料的摊贩将各种香料放在不同的筐子里，整齐地摆放在木板支起的摊位上，摊位两侧的木头柱子上各挂着一串鲜红的干辣椒。远远地就能闻到不同香料混合在一起的味道，可惜法国的香料我实在不懂，只是味道好闻，却不知道该用来做什么美味佳肴。

反而是一家卖奶酪的摊位更让我感兴趣，法国人对奶酪有着深深的感情，无论是日常饮食还是节日大餐，都少不了奶酪。甚至在喝红酒的时候，也要来上一块干酪细细品味。干酪的奶香配上红酒的醇香，那种香浓的味道仿佛能透过口腔穿入大脑，并在大脑中留下烙印，永远都忘不掉。

在店主的推荐下，我选择了一整块发酵到刚刚好的羊奶干酪，店主还热心地让我免费品尝一下发酵之前和发酵之后的口感，果然，发酵后

的干酪更加香浓。店主还拿出一块已经发霉的奶酪向我热情地推荐，虽然知道奶酪上的霉菌就像中国安徽的毛豆腐一样，可以给原本的食材增添独特的风味，但是看到已经发绿的霉斑，我实在有些不敢下嘴，只好作罢。

爱吃肉的法国人总是能研究出很多保存肉的方法，腊肠也是阿尔勒市的代表食物，风干的腊肠一串串挂在货架上，老板轻轻切下一小片让我品尝，留在嘴里的香味，可以让人回味很久。速冻好的整只鸽子用保鲜膜裹好，也吸引了不少人抢购。最热闹的是卖活鸡的摊位，小孩子们围着小鸡跳来跳去，特别开心。

普罗旺斯花布也比之前在店面里看到的便宜好多，各种鲜艳的颜色配上热烈的花朵图案，张扬地挂在货架的横梁上随风轻舞，洋溢着热情的普罗旺斯风格。无论是桌布还是沙发垫，每一件我都想带回国内用来布置房间，考虑到行李的重量，我只选择了两块桌布和一条床单。临走时我的眼神还依然停留在花布的摊位上恋恋不舍，还没离开，我已经期盼下次再来购物。

烤比目鱼与白葡萄酒，唇齿留香

在国内，我从来没吃过比目鱼这种食物，这种两只眼睛长在一侧的鱼，样子似乎有点吓人。可是来到法国，我却对这道特色美食出奇地感兴趣。在我的请求下，向导带我来到集市隔壁街上一家专做当地风味的小餐馆吃午餐。

向导说，这家店的烤比目鱼是一大特色，包括橄榄油和香料在内的所有材料都是选用当地最新鲜的食材，还有一个秘诀是在烹饪时采用红酒进行调汁，那种美妙的味道肯定让你连汤汁都不想放过，可以说，这

第四章 阿尔勒·镶嵌在罗纳河上的珍珠

才是普罗旺斯的味道。

我原本以为烤比目鱼就像国内的烤鱼一样,将鱼腌制以后用火烤熟即可,餐馆的老板告诉我,可不要想得那么简单,这是一道很考验厨师功底的菜,最少要半个小时才能上桌。这对于饥肠辘辘的我来讲,还真不是什么好消息。不过,当一大盘配着酱汁的烤比目鱼被端上桌的时候,我忽然觉得这么久的等待是非常值得的。硕大的一块鱼肉放在白色的盘子里,旁边点缀着两瓣切开的柠檬和几根薯条,烤好的鱼肉上面裹着浓浓的汤汁,远远地就能闻到一股鲜香。

老板说,整道菜中,调汁的过程最讲究,将大蒜和干辣椒用橄榄油炒出香味,再放入香葱和茴香慢慢翻炒五分钟以上,之后加入西红柿和蛤蜊汁,小火炖煮,当茴香开始变软,汤汁略微被吸收以后,再加入橄榄,浓浓的汤汁就熬制好了。

风干的比目鱼事先用盐和黑胡椒粉腌制好，直接放入汤汁中，再放入烤箱用热量将鱼在汤汁中煮熟，最后撒上鼠尾草调味。鼠尾草是普罗旺斯餐桌上一道必不可少的香料，在做鱼或者肉的时候具有很好的调味作用，百里香、迷迭香、月桂等香料，混合出了普罗旺斯独一无二的味道。吃烤比目鱼的时候，还要配上柠檬挞，这是一种圆形的小甜品，有点像蛋挞，里面加入了柠檬皮和柠檬汁，吃起来有清香酸甜的口感，与烤比目鱼搭配，又香浓又甜美。

法国人讲究吃红肉配红酒，吃白肉配白酒，如此美味的烤比目鱼，一定要配上一杯法国原产的白葡萄酒才更有味道。老板推荐我尝一尝原产自波尔多的一款白葡萄酒，酒的颜色呈现淡黄色，闻上去有些柑橘和绿胡椒的香气，喝下去第一口有些辛辣，但细细回味，能品尝出苹果和柑橘的香气，吃海鲜的时候来上一杯，非常清爽。

老板说，酿造这款酒选用的葡萄非常有讲究，是用石灰土培育出来的，同一个品种可以制造出两种口感的酒，如果在葡萄未成熟时酿造，会有青草的香气，如果用熟透的葡萄来酿造，则会有柠檬和青苹果的香气，并且不会有一般白葡萄酒的橡木味道，清淡的口感非常适合年轻女孩饮用。

我用一餐美食与一个城市告别，阿尔勒的旅行从此画上了圆满的句号。临走的时候，向导送了我一张照片，照片中的我和向导一起，在向日葵的田野中灿烂微笑，他说，觉得这一张照片很有意境，特意打印出来送给我。

旅行久了，总会遇到形形色色的人，到了下一个城市，还会遇到新的向导，但相遇相识也是缘分的一种，我对他表示感谢，请他在照片的背面签上名字留念，这张照片也在提醒我，我并不是一个人在旅行。

第五章

卡玛格·享受万物和谐的韵律

每个女孩都梦想有骑着白马的王子对自己一见倾心，从此过上幸福的生活。我对白马的憧憬似乎远胜于对王子的渴望，每次看到电影中一袭白衣的女神的白马坐骑，总是不由自主地幻想，如果自己拥有一匹白马，要给它布置一个什么样的马厩与它高贵的气质匹配。

我是一个热爱动物主义者，每一种没有攻击力的可爱动物都能瞬间激发我的全部爱心，卡玛格就是一个天然的动物天堂。这里是阿尔勒市下辖的一个区域，面积不大，只有930平方公里，由于位于罗讷河和三角洲的两支流间，也是西欧地区最大的河口三角洲。由于地中海的积淀物多年反复冲刷，所以形成了这里独特的地理风貌：既有沼泽，又有草地，也正是由于这一地理特征，卡玛格的南北两地进行了不同的规划，北部有广袤草地，拥有大量的葡萄种植园；南部适合种植水稻，有大片的盐田，同时还有最出名的天然公园，沼泽地里生活着成群的火烈鸟。

1986年，这里被《湿地公约》列为全球重要的湿地保护公园之一，最重要的是当地的传统养殖业——黑公牛和小白马。这里不仅是动物的天堂，也是动物爱好者的乐园，在一望无际的白色盐山邂逅白色骏马，光是想想都觉得浪漫。

在通往卡玛格的客车上，我正凝神望向窗外，忽然听到旁边咔嚓一声，好像有闪光灯一闪即逝。回过头来，一位蓝眼睛的小伙子正朝我大方地微笑，并递给我一张相纸，我的身影在相纸上逐渐清晰。

小伙子用流畅的英语对我说："不好意思，只是觉得你当时的状态很自然就拍了下来，本意也是想把照片送给你。"我回以礼貌的微笑，把照片收进包内。当列车就快到达卡玛格时，我们也逐渐熟络了起来。

通过聊天，我知道他叫Cory，来自英国，是一名地理杂志摄影师，已经来过这里很多次，这次来是想拍一些火烈鸟的主题照片。他还说，如果我乐意的话，他很希望能当我的向导，因为他知道哪里好玩，哪里有好吃的东西，还非常愿意陪我去看白马。我心里不禁偷笑，和帅哥一起去看白马，岂不是真的好像与白马王子有关的童话，这样的好事我怎么可能拒绝，欣然应允之下，我还提出申请，可不可以带着饥肠辘辘的我先去吃一顿当地的美食。

露天餐厅·味觉与心灵的双重享受

  如果不是亲身体会，我一定想象不到这里的露天餐厅座位有多抢手，向来以人少著称的普罗旺斯，到了吃饭的时候，餐厅就成了最拥挤的地方。地中海的阳光温暖却不猛烈，晒在身上暖洋洋的，人们都喜欢边吃饭边享受地中海温暖的阳光。

  由于人生地不熟，我跟在Cory的后面在街路上绕来绕去，街路上飘着咖啡和面包的香味，人们在露天的咖啡座里悠闲地消磨时光。普罗旺斯之所以诱人，也许就是因为它没有大城市的喧嚣，每一个小镇给人的感觉是用脚步就可以丈量。

  整个小镇都带着浓郁的古典味道，有些像曾经去过的丽江古城，虽然建筑景致与人文风情截然不同，但是那份安逸舒适的氛围却异曲同工。在这里行走，脚步都会变慢，时间似乎也不忍心从这里流过，置身其中，容易让人忘记时间的存在。

  这里的房屋、建筑、街道，依然保留着中世纪的建筑风格，城市里的人似乎不需要工作，除了咖啡厅和餐馆的服务员以外，好像全城的人都在露天餐厅的座位上享受阳光充裕的下午。在一个充满了绿荫的露天咖啡厅里，我看到了挤得密密麻麻的居民坐在一起，人手一杯咖啡，消磨着下午的时光。

我又想起了那句话:"在普罗旺斯喝咖啡,喝的不是咖啡的品质,而是环境和气氛。"卡玛格的优雅程度相比普罗旺斯的其他小镇似乎稍有逊色,但闲散的意味却更胜一筹。的确,在普罗旺斯,根本没有赶时间的必要,在这片由鲜花、艺术、美食、葡萄酒、大海和阳光构成的土地上,任何事情都显得那么称心如意,有什么理由还要去追逐时间的脚步?

走了很久,终于来到了一个露天餐厅,Cory 得意地告诉我,这里是他的"最爱"。从座位的摆放中就能看出这家餐厅有多受欢迎,塑料制成的桌椅几乎每桌都挨在了一起,坐下去以后,为了不妨碍邻桌的客

第五章 卡玛格·享受万物和谐的韵律

人，我几乎把自己镶在了桌子里，稍微动一下，都会影响到邻桌的用餐。我只好乖乖地坐着，等着Cory为我点餐。

漂亮的女服务生脸上带着灿烂的笑，先端上来的是普罗旺斯最出名的依云矿泉水，在国内，这种奢侈的矿泉水一般都是女生作为护肤使用，在这里却几乎每天都出现在餐桌上。Cory说，他点了两份不同的食物，他知道中国人喜欢将各自的食物合在一起吃，所以不介意我们两个人共同分享两份食物。

服务生端上来的两个盘子中，虽然材料不同，但同样是典型的普罗旺斯美食。一个盘子里摆放着切成大块的鱼、马铃薯、黄瓜等好几种食物，旁边配着一份香浓的蒜泥蛋黄酱，这种吃法有些像国内的东北菜，粗糙而豪放；另一个盘子里就显得精细了许多，茄子被切成了精细的薄片，铺在一起形成了一个小型的容器，上面平放了一片西红柿，西红柿上面放了三只虾，旁边点缀了半颗圣女果和香草，旁边还有一份沙拉，周围浇着一圈洋葱和西红柿做成的碎汁作为装饰。

两份食物看起来既健康又清爽，Cory说，这里的海鲜都是新鲜打捞的，蔬菜也是当天采摘的，调味料很简单，几乎只有香草的味道，配上普罗旺斯餐桌上必备的橄榄油、大蒜和西红柿，简直就是味蕾的极大享受。吹着微风、晒着阳光、看着蔚蓝的地中海、享受着美味在舌尖上的跳动，如果这是一个梦，真希望永远都不要醒过来。

火烈鸟·卡玛格湿地的红精灵

卡玛格湿地自然保护区，是欧洲许多种候鸟迁徙越冬的重要栖息地，为了保护当地的生态系统免遭破坏，1970年，在保护区里，修建了LE PARC ORNITHOLOGIQUE DU PONT DE GAU湿地公园，使卡玛格周围的大片地区的自然环境完好地保留了下来。

湿地公园占了这里大部分面积，有850多平方公里之多，每年都会有近五百个物种从各地迁徙到这里，火烈鸟、卡玛格白马、卡玛格公牛等上百种野生动物在这片广袤的湿地和草原中和谐生存，每到夏天，这里就成了火烈鸟的火红色天堂。上千种草本植物在这里旺盛生长。对于动物来讲，卡玛格湿地就是一片世外桃源，在这里动物不会受到任何伤害，在这里看到的是大自然创造的一片盎然生机。

湿地公园，与火烈鸟近距离接触

由于Cory拍照时对光线的要求很高，清晨的微光可以拍出非常唯美的照片，所以我们一大早出行向LE PARC ORNITHOLOGIQUE DU PONT DE GAU湿地公园出发。据说，乘坐吉普车和骑白马，是在卡玛格旅行的最佳交通方式。虽然骑白马看上去比较浪漫，但是我的骑术实在是不怎么样，与其在马背上被颠簸得狼狈不堪，不如选择安静地乘车

第五章　卡玛格·享受万物和谐的韵律

出游。

　　Cory租了一辆敞篷的吉普车,一路上车很少,偶尔可以看到车身上印着醒目的旅游公司logo的车从我们身边经过。慢慢地,眼前的景色逐渐发生了变化,与普罗旺斯其他城市的浪漫与热烈不同,这里的景色竟然有一些凄美的感觉。Cory告诉我,LE PARC ORNITHOLOGIQUE DU PONT DE GAU湿地公园就快到了。

　　还没有来到湿地公园,就可以看到路两边大块的沼泽地和湖泊,我们车行缓慢,时不时还有人骑着白马从我们身旁经过,只不过骑马的人一身牛仔装束,并没有王子的皇冠和披风。Cory嘲笑我有太过严重的公主情结。正在谈笑间,忽然有几支粉红色的火烈鸟从低空飞过,我兴奋

得尖叫起来。这可能是我与火烈鸟最近距离的接触，飞翔中的火烈鸟，红色的羽毛特别漂亮，空气中弥散着淡淡一层薄雾，风把羽毛吹得阵阵舞动，好像在天空中飞翔的火焰。

我以为湿地公园就是一片硕大的开阔沼泽地，到了才发现，它掩藏在密密麻麻的芦苇丛中。这是一片荒无人烟的沼泽湿地，一望无际的芦苇将我们带入了普罗旺斯少有的野性风情当中。此时的天空在黄色芦苇丛的映衬下似乎显得低沉了不少，和之前去过的普罗旺斯城镇鲜艳热烈的颜色截然相反，这里稍显荒凉，却潇洒得有些任性。

我们沿着芦苇丛形成的小路慢慢前行，Cory边走拍，时不时地钻进芦苇丛，甚至有时干脆躺在地上，全然不顾地上的泥土沾到身上。走着走着似乎来到了一条死路，眼看前面已经被芦苇丛封死，没想到走到近前还有一个不显眼的转角。从转角走进去，眼前竟然出现了一片豁然开朗的草地，草地中间形成一片宁静的湖泊，平静的水面上反射着温柔的阳光。微风吹来，湖面轻轻泛起涟漪，星星点点的阳光好像钻石一样闪烁着光芒，耳边能听到微风轻轻吹动的声音，仿佛精灵在耳边低语，向我讲述这是一个多么美丽的地方。

眼前的景色虽然美丽，但是还没有发现我们要拍摄的目标——成群的火烈鸟。芦苇丛生长在沼泽地里，脚下的路很不好走。Cory在前面为我领路，磕磕绊绊间，他突然在我面前比出了一个停止的手势，还把一根手指放在嘴边示意我不要出声。顺着他手指的方向望过去，我看见眼前开阔的沼泽地里，一大群火烈鸟迈着优雅的步伐在水里前行，我的心脏差点停止跳动。这是我从未见到过的景象，虽然沼泽地已经没过火烈鸟纤细悠长的美腿很深，但是它们依然能走出从容自信的神态，长长的脖子弯成了S形的曲线，短而厚的镰刀形的喙时不时在沼泽里搜寻食物，

第五章　卡玛格·享受万物和谐的韵律

短短的尾巴偶尔抖动一下，激起小小的水花。

当它们站立时，会像芭蕾舞演员一样抬起一条腿，脖子的S形曲线会更加明显，仿佛一只会跳芭蕾舞的天鹅。还有的火烈鸟迈着修长的美腿在水中踱来踱去，昂首挺胸地走着猫步，仿佛在宣告它们才是这片湿地里的主人。

最震撼的场景是成群的火烈鸟一同起飞的场景，它们一字排开，展开巨大的翅膀，并且有力地拍打，细长的脖子伸展开来，形成一条优雅的弧线。最后，修长的美腿在水面上轻轻一蹬，挺起胸膛，展翅飞翔。它们仿佛集体学会了轻功，硕大的身躯蹬在水面上好像完全没有重量。这种场景让我不知不觉屏住了呼吸，天空中一个个红色的优雅身姿，一定会深深地刻进我的脑海。

我曾经在一个科普节目中看到过，火烈鸟并不是生来就有火红的羽毛，是因为它们常年捕食三文鱼、虾、螃蟹等生物，摄取了它们身体中合成的虾青素，所以和他们捕食的生物一样，慢慢呈现出鲜艳红色，而红色越是鲜艳的火烈鸟，越是能吸引异性的注意，繁衍的后代就更优秀。

这种几乎没有任何攻击力的鸟类，如今已经成为世界上的珍稀动物之一。它们是候鸟的一种，每到9月，就会飞到温暖的非洲去度过冬天，到了第二年的2月，再重新飞回卡玛格湿地。也有的鸟会终身留在这里，但是只是少数。

由于全球的湿地面积在逐渐变小，火烈鸟的生存环境越来越少，生存也岌岌可危。火烈鸟在卡玛格湿地里求偶、组成家庭、繁衍后代。每到4月和5月，就进入了火烈鸟的产卵期，雌火烈鸟每年只会产下一颗卵，这也限制了火烈鸟数量的繁衍。孵化出一只幼鸟，要用掉火烈鸟夫

妻一个月的时间一起工作才能完成。火烈鸟小的时候浑身的绒毛是灰色的，直到5岁左右，才能全身变成火红色的羽毛。火烈鸟一般有着很长的寿命，平均可以达到30年左右，在澳大利亚的阿德莱德动物园，还曾经生活过世界上年龄最大的火烈鸟——83岁才辞世。

　　Cory对着火烈鸟群肆意地按动着相机快门，几乎到达了忘我的境界，我在他身后随着他的构图学着拍照，也悄悄地拍下了他工作时的样子。火烈鸟在天空中飞翔的画面，让我想起了曾经听到的一个关于火烈鸟的传说。

　　传说楼兰古国的子民将火烈鸟视为王的守护神，因为它们为了将火种带回楼兰古国，会在羽翼丰满之后会向着南方不停地飞翔，一直飞到南焰山将自己的身体点燃，取回火种后，又飞到天翼山化为灰烬。传说中的楼兰古国以火为信仰，相信通过燃烧的烈焰能够消灭原罪，楼兰王子曾经凭借强大的驭火能力，被冠上了"通天教主"的称号，他随手挥出的火球，足以让人望而生畏。

当楼兰王子因为嫉妒和暴虐接受惩罚，而永远被禁锢在通天塔内时，火烈鸟也一直守候在旁，遇到入侵的敌人，火烈鸟会将全身笼罩在耀眼的火焰中，将它们的喙画作尖利的刀刃作为武器，用超常的神力保护王子。

如今，昔日的楼兰古国早已成为传说，但是依然有人坚信，被困在塔中的王子依然在守着这片土地，因为他愿意用自己的鲜血弥补曾经的过失，盼望着有一天，用自己的灵魂再次换取子民的信任。

滨海圣玛丽，感受西班牙风情

拍了整整一上午，Cory终于拥有了满意的摄影作品，心满意足地带着我离开了卡玛格湿地公园。为了感谢我的陪伴，他决定带我去一个特别的地方去享用午餐，那就是具有西班牙风情的小镇——滨海圣玛丽。

每年的5月24日，来自世界各地的吉普赛人会来到滨海玛利亚进行为期三周的吉普赛朝圣（Pelerinage des Gitans），朝圣是吉普赛人的节日，他们在街头欢快地唱歌跳舞，还会把萨拉的雕像从教堂中抬出来穿越街道庆祝，还会走向海边。每到朝圣的日子，吉普赛人的大篷车就会挤满城中，城市的天空里彻夜飘荡着吉普赛的音乐。到了10月，吉普赛人还会再次来到这里进行第二次朝圣。

我眼中的滨海圣玛丽，仿佛真的受到了神的眷顾，这里是喜欢享受悠闲时光的人们的度假胜地，因为与地中海其他的石头海岸不同，这里有着美丽的细沙滩，长达数十公里。不过，海滩不是我此刻最重要的目的地，我最想去的，就是可以吃到美食的地方。

Cory告诉我，圣玛丽海鲜炒饭是这里的一大特色，沿途经过的每家餐厅，几乎都把圣玛丽海鲜炒饭作为招牌美食摆在了门口，堪称一景。硕大的平底铁盘中，炒好的海鲜饭呈现出诱人的色泽，满满地装在盘子中几乎溢出来。金黄的米饭、火红的大虾、翠绿的青豆用它们的色彩挑动我的食欲，让我不自觉地咽下一大口口水。有着西班牙风情的漂亮女孩站在铁盘的后面向我推销，不停地用手比出"10欧元"的价格，我们选了一个有着漂亮服务生的餐桌坐了下来，点了一份炒饭。很快，一大盘冒尖的炒饭就端上了桌，分量实在是大得惊人，好在有Cory帮我"分担"，否则我一个人可消化不了如此大盘的一份美食。

　　酒足饭饱之后，我提出想去教堂看一看，走在滨海玛丽亚的路上，处处能感受到人们的欢乐，仿佛空气中都飘荡着愉悦的味道。回忆起凡·高在1888年创作的《海上圣玛丽的渔船》，与我眼前的景象似乎形成了鲜明的对比，画中的滨海圣玛丽似乎有些低沉和忧郁。海浪是黄绿色的，越往远处越呈现出蓝紫色，画面虽然延续了凡·高一贯的鲜艳色彩，但却难以掩饰他当时心里的忧伤。

　　不知不觉，来到了教堂面前，教堂前面的小广场上正在进行演出，穿着西班牙长裙的女舞者在舞台上尽情地旋转，热烈的气氛让我忍不住停下脚步观看。舞者的裙子有着浓重鲜艳的色彩，火红的裙子让她仿佛是一朵燃烧的火焰，舞到精彩处，人群中爆发出阵阵热烈的掌声。

　　据说教堂石墙的木棺中，保存着萨拉的遗骨。来到教堂门前，我发现教堂的小门有些不起眼，Cory告诉我，从小门中的旋转楼梯上去，可以上到教堂的露台，从这里眺望，可以将卡玛格最美的风景尽收眼底。果然，登上露台，除了可以看到教堂的古老钟楼以外，还可以看到滨海圣玛丽的建筑群，全部有着白色的墙壁和红色的屋顶，向远处眺望，可

第五章　卡玛格·享受万物和谐的韵律

以看到我们曾经到过的卡玛格湿地的芦苇丛，而另一个方向，则是蓝得沁人心脾的无边无际的地中海，在一个小小的露台上，竟然可以同时看到两种风格截然不同，却在任何地方都难得一见的风景，不得不让人相信，滨海圣玛丽的确是笼罩在神的光环之中。

卡玛格白马·大自然里野性的呼唤

返程的途中，忽然看见一群穿着西部牛仔式样服装的人，骑着白马出现在旁边的草丛中，这样原始狂野的场景，让我的心激动得怦怦直跳，好像在欣赏一部美国西部大片，心里不觉幻想，骑在白马上驰骋的感觉是多么飘逸和豪迈。

白马是卡玛格最出名的动物之一，堪称这里最耀眼的明星，它们是罗讷河三角洲土生土长的一种马，也是生活在这里的加尔登人的传统坐骑。人们为卡玛格白马起了一个好听又响亮的名字——白色的海之马。在卡玛格湿地，卡玛格白马一般用来作为斗牛的专属坐骑，对付黑色野牛也必不可少。

Cory说，他所工作的杂志社曾经为卡玛格白马写过一期专刊，他还记得文章中介绍，卡玛格白马与拉斯科洞穴中绘制的原始马图形很像。如果这一说法成立，那么卡玛格白马在公元前15000年就已经存在了。也有一种说法，卡玛格白马与19世纪在苏留得里发现的动物遗骸也非常相似，无论追溯到多久以前的历史，唯一可以证明的是，卡玛格白马一直是在卡玛格湿地上生长。

文章中还介绍道，卡玛格白马和蒙古马的特点有些相似，不需要精细的饲料喂养，既健壮，又有良好的耐力。虽说它们的身体结构不能称

第五章　卡玛格·享受万物和谐的韵律

之为优良，但是只需要一点点的食物，就能够让它们很好地生存下来，可以说卡玛格白马是吃苦耐劳的典范，奔跑起来速度很快，动作既优美，又流畅。

看出我对卡玛格白马非常感兴趣，Cory冲着几位"牛仔"大声商量，问他们能不能让我近距离看一下白马。他们竟然非常愿意，停在路边，和我们闲聊了起来。白马在路边悠闲地吃着草，我几次鼓起勇气上前，想摸一摸它们白色的毛发，可是每次都被恐惧吓退了回来。"牛仔"们看到我的样子哈哈大笑，反复跟我强调没有危险，我才和白马来了张合影。没想到调皮的Cory问"牛仔"可不可以带我们在马背上骑一圈，他们竟然也大方同意。

在"牛仔"的帮助下，我几乎连滚带爬地坐上了马背，"牛仔"在我身后抓紧缰绳，一夹马腹，嘴里吆喝了一声，白马就一溜小跑了起来。我既害怕又兴奋，差点大声尖叫，好在"牛仔"并没有加速，始终是小跑着前进，溜了一大圈才回到原地，站在地上的感觉真的好踏实，我的心还在扑通扑通地乱跳。说实话，可能是我掌握不好马的步伐，骑在马背上的感觉还真不怎么舒服，但是我们依然向热情开朗的"牛仔"们道谢，看着他们潇洒地跨上马背，从我们眼前驰骋着消失，我们才继续上路。

途中，Cory绘声绘色地讲起了他曾经看过的一场卡玛格斗牛。我告诉他，如果有血腥的场景，那不听也罢。他一再保证，卡玛格斗牛与西班牙斗牛不一样，不是以杀死公牛为目的，而且，斗牛的主角不是斗牛士，而是牛。斗牛场中只有一头牛，却有十多个小伙子围着牛跑，目的是用手里特制的挂钩将牛角上套着的绳带取下来，绳带一共有五根，每取下一根之前，都会有观众在场外进行下注，赌哪位斗牛士能将下一根绳带取下，赌注就是斗牛士的奖励，广播中还会大声播放观众下注的情况，激励斗牛士勇敢上前。

公牛可不会乖乖待在原地，除了来回跑动，还会试图攻击斗牛士。因此，斗牛士必须要跑得快并且灵活，既能看准机会取下绳带，还能很好地保护自己。有时候为了躲避公牛的攻击，斗牛士甚至会一下子跃上一米多高的木板，每到这时，观众一定会爆发出热烈的掌声和呐喊。Cory看的那场斗牛比赛一共分为四场，每场15分钟，每场都会换一头公牛，斗牛士却始终不换，他说，如果一头牛能够成功躲避多次斗牛士的攻击，那么人们就会为它塑造一尊雕像，并且可以在牧场终老，不会被残忍地屠杀。虽然Cory讲得生动形象，但是我对这种带着一些暴力因素的表演还是不太感兴趣，相比之下，浪漫优美的景象更能打动我。

盐山·在平淡生活里加上一些作料

在寻找火烈鸟的过程中，我们时不时可以看到远处白色的小山，我知道山顶的白色物质不是雪，而是盐，卡玛格是世界上最出名的盐产地之一。从中世纪时期起，卡玛格人就自己动手制盐，据说这里出产的天然食盐，口感非常好。为了看一看像白雪一样绵延不绝的盐地，我们决定到罗讷河西侧的著名盐产地——埃格莫尔特去看一看。

湿地灯塔，历史的"遗孤"

埃格莫尔特是一座在平坦的湿地上建起的城市，进入城市见到的第一个建筑，就是青灰色的高大城墙。在城墙的入口处，有纪录片在循环播放，片中介绍了埃格莫尔特的历史，原来埃格莫尔特的出现，源自13世纪时，路易九世抱着纵横天下的梦想，建立了这座城。这样，路易九世就有了一个自己完全可以掌控的地中海港口，埃格莫尔特，也成了路易九世第七次十字军东征的起点。

我和Cory买好了游览城墙的门票，准备开始城墙之旅。在我们的旁边有一个小型的旅游团，带队的导游每到一处，都会向游客介绍这里的历史，我们俩悄悄地跟在旅行团后面，也想听一听导游的讲解。随着游览的人群，我们来到了康斯坦塔楼。

普罗旺斯·捕捉浪漫的故事

导游介绍道,这座高耸的塔楼代表了埃格莫尔特重要的军港地位,当古罗马帝国灭亡后,康斯坦塔楼曾经是普罗旺斯最大的建筑。进入塔楼的内部,我们准备搭乘电梯去到高高的塔楼,沿途可以看到中世纪风格的壁炉以及圆形的穹顶建筑,乘电梯可以直接通向塔楼的平台。导游介绍:在第七次十字军东征时期,曾经有1500艘船只集结在这座灯塔下,当时法国的武士几乎都出现在这里,灯塔见证了埃格莫尔特最辉煌的历史时期,当时运往塞浦路斯的所有军需物资都要从这里发出。如今,几百年过去了,当年的喧嚣已经不复存在,一切都归于平静,灯塔依然默默地矗立在这里,成为历史的见证。

塔楼的平台是埃格莫尔特的制高点,站在上面可以看到整个城市的屋顶,向远处眺望,就可以看到一座座雪白的小山,全部是用盐堆积而

第五章 卡玛格·享受万物和谐的韵律

成。盐山下面就是广阔的盐田,大片大片的盐湖从远处望去,呈现粉紫色,在阳光的照耀下,似乎笼罩着迷幻的光芒。只是从远处看,已经如此壮观,可以想见,我们接下来的盐田之旅会是怎样一个奇特的旅程。

几百年前,这座塔楼还曾经是一座牢房。我们从塔楼顶端顺着狭窄的旋转楼梯边向下走,边听着导游的介绍,18世纪著名的女性运动领导者玛丽杜兰德曾经被关押在这里,她在暗无天日的牢房地板上刻下"REGISTER",用来表达自己的勇气和决心。由于被当时的统治者视为宗教和政治的异己分子,玛丽杜兰德在1730年被处死。如今,地板上粗糙的字迹依然可以辨认,玛丽杜兰德在刻下文字的同时,也将埃格莫尔特的遥远往事一并刻在了这里。斯人已去,岁月不曾停歇,但历史依然留下了见证。

走下城墙,导游让大家稍等一下,埃格莫尔特人庆祝法国国庆节的独特游戏很快就会开始,正说话间,忽然响起一阵喧闹的锣鼓声,一群人穿着白衣白裤,敲打着锣鼓,高举旗帜,列队向城外走去,队伍中有男也有女,我和Cory也随着观看的人群走向城外。

城外的水面上停泊了两艘木船,一艘是红色的,一艘是蓝色的,船身上分别插着相同颜色的旗帜,自然而然地分成了两个队伍。穿着白衣白裤的人们分别登上两艘船,船尾上有一个翘起的木梯子。每队都有一个少年站在木梯上,左手拿着一根棍子,右手拿着一面盾牌,当两艘船相遇的瞬间,两个少年用手中的棍子去捅对方。如果有一人落水,同队的另一个人会马上接上,直到船上的人全部落水,才正式宣告失败。向导说,每年的法国国庆节都会在这里上演这个游戏,游戏的历史可以追溯到中世纪时期。

盛夏盐田，错过采盐季

在城门口，停着许多车身被漆成黄色的汽车，这是专门带领游客开启盐田之旅的旅行专线车，坐在车上就可以观赏一望无际的白色盐田。

Cory说，采盐一般都在春秋两季进行，他曾经看见过采盐人在盐田里制作海盐，可惜现在季节不对，我们只能欣赏一下空无人迹的壮观盐田。

车子距离盐湖越来越近，我惊讶地发现，盐湖的水竟然是粉红色，粉红色的水面上漂浮着纯白色的盐晶体，非常唯美。Cory告诉我，湖里的水来自许多错综复杂的河流，不同的河水交汇在一起，让湖水拥有了很高的盐分，甚至析出了白花花的盐。而湖水的粉红色正是高浓度的盐分造成的。在这里采盐，简直就是一件充满了诗情画意的事情。这样的景色实在太罕见了，我迫不及待地拿起相机记录了下来。

夏天的盐田里注满了水，在盐度不是很高的时候，湖里会有一些鱼虾生存，它们主要靠吃水草为生。湖里的水分逐渐蒸发，水中的盐度也越升越高，鱼虾会受不了水里盐分的浓度，相继死去。由于没有了天敌，粉红色的水草会持续生长，盐田此时也会呈现粉红色，当湖水几乎完全蒸发掉，盐田的颜色就会逐渐变为白色。现在我眼中的盐田，仿佛涂了一层胭脂，如梦如幻的景色简直让人沉醉。

第六章

阿维尼翁·生命里那些不容错过的风景

在普罗旺斯旅行的这些日子，体会到了不同城市的风情，参观到了中世纪遗留下来的古老建筑，品尝了每个城市的特色美食，但是还有一个愿望始终没有实现，那就是亲眼见一见壮观的薰衣草庄园，这也是我此行最重要的一个目的。虽然在圣雷米的疗养院里见到了小片的薰衣草田，但始终无法与那种大片大片的紫色海洋般的薰衣草相比。为了能更好地回味，我特意将薰衣草之旅留在了最后。普罗旺斯的阿维尼翁，是此行的最后一站，在一个晴朗的早晨，我搭上了通往阿维尼翁的火车，向着薰衣草的方向出发。

墙垣·历史的书页

从阿尔勒到阿维尼翁的火车，行驶了短短的20分钟，就来到了这座普罗旺斯这座最著名的艺术文化重镇。途中，我还是习惯像以往一样翻阅目的地的资料。旅行手册上对阿维尼翁有详细的介绍，这是一座处于罗讷河畔的城市，也是普罗旺斯最热闹的旅游城市。13世纪末，罗马各教派的斗争威胁到了教皇的安全。因此，教皇用8万金币的价格将阿维尼翁从当时的女领主让纳手中买下，将住所从罗马迁居到阿维尼翁，作为教皇的居住地。

按照教皇的要求，阿维尼翁被建成了周长4.3公里的城堡，同时还修建了很多个塔楼以确保城堡内的安全。天主教的教徒们也将这里作为朝拜的圣地，阿维尼翁从此被天主教称为"圣都"。虽然后来教皇将教廷又迁回了罗马，但是阿维尼翁依然属于罗马的领地，直到法国大革命之后，罗马才将它交还到法国人手中。

阿维尼翁是法国南部东西交通线上的一个交通重镇，因为它正处于法国南方和北方的交通要道上，所以，从古罗马时期开始，这里就是繁华热闹之所。根据阿维尼翁曾经出土的文物推算，在我国的东周时期，阿维尼翁就已经存在了。当时这里被称作"河神之城"，由于地处罗讷河畔，这样称呼表达了当时人希望河水能够一直平安，并保佑当地人生

第六章 阿维尼翁·生命里那些不容错过的风景

存的愿望。

阿维尼翁有不少引人注目的景物：城墙、圣贝内泽桥、教皇宫等都是举世皆知的建筑，除了这些，城内还有众多的教堂、钟楼和博物馆，在城内步行，可以很好地体会这座历史古城的韵味。阿维尼翁的周边，就有我向往的薰衣草园，还可以领略到美丽的田园风光和独特的石灰岩。每年夏天的阿维尼翁戏剧节，更是有着不小的声誉。这座以葡萄种植业和酿酒业闻名的普罗旺斯小镇，哪怕玩个两三天也不会觉得无趣，带着诸多美好的憧憬，我走出了阿维尼翁火车站，迎接我的是一个晴空万里的好天气。

阿维尼翁的火车站充满了艺术气息，整个建筑的线条非常流畅，即使跟国内一些新建的大型高铁车站相比，阿维尼翁的火车站还是显得大气许多。

触摸城墙，梦回罗马

走出阿维尼翁火车站，就可以看到那长达5公里的环形城墙。城墙建于14世纪罗马教皇统治期间，当时是作为防御城墙而建，环绕保护着整座阿维尼翁城，墙外就是悠长的罗讷河。

如今已经成为联合国世界遗产之一的城墙虽然只有原来的一半高，但是看上去依然非常结实且厚重，全部由大块的方石砌成，粗犷的墙饰展现了当初建造时的风采，上面雨水冲刷的痕迹和浅浅的土黄色，显示了城墙经历的历史和沧桑，也是阿维尼翁辉煌的见证。

由于19世纪进行过重修，城墙依然保持完整，城垛、城塔和城门都依然完好无缺，环绕着阿维尼翁老城区。城墙共有39座瞭望台和13座城门，每隔一段，就会有一个碉堡式的城堡门洞，异常的高大和雄伟，

当初建造的目的，就是为了抵御外来的侵略，保留到今天，却成为后人不可估量的历史遗产。漫步古城墙内外，保持了初建时的雄浑和壮观，让人感受到时代的变迁和历史的厚重。站在阿维尼翁城墙边的鹅卵石路上，我不得不赞叹，保护城墙的人们对于历史的尊重。

城墙看上去并没有我想象中的高大，但是经过向导的讲解，我才发现这是一座充满艺术性的防御系统，针对不同的进攻方式，设计了不同的防御措施。比如，为了抵御小规模的进攻，城墙上特意建造了许多凹口，如果敌军进攻，城墙的守卫者就可以通过小凹口，向敌军倾倒烧开的热油，或者透过小口向他们射箭。

一座城市，有了城墙就有了安全感。我们国家的许多历史古城都有城墙建筑，直到今天，很多城墙依然保留完整，最出名的是七大古城

第六章　阿维尼翁・生命里那些不容错过的风景

墙，分布在北京、西安、南京、兴城、襄阳、荆州、平遥。修筑城墙的目的，大多是为了应付战争。在和平的年代里，现代化的都市中，古城墙依然散发着历史底蕴。阿维尼翁的城墙也是一样，完全融入了现代都市当中，紧挨着城墙的是一片幽绿的草坪，几个大树在草坪上用茂盛的叶子撑起绿荫，隔着一条环形公路，另一边是一片更加开阔的绿地，这一片茂密的绿色并没有削弱古城墙的历史感，而是仿佛为城墙增添了一些点缀。

城墙周围的公路都是环状路，了解当地状况的人，一般都不会选择早晚两个时间段进出城，因为这两个时间段的交通异常堵塞，堵到可以坐在车里好好地欣赏赛讷河的风景。沿着公路进入城内，可以看到并不宽阔的街路上，矗立着中世纪时期的古建筑民居，每座房子都不高，非

常有趣的是很多房子上面都画着假窗，这与阿维尼翁古代的税收制度有关。因为曾经一度出现过按照房子窗户数量的多少来制定收税金额的规定，所以当时的居民为了减少交税，在建房子时刻意减少窗户的数量，而为了外观好看，只好在墙面上画上假窗。如今，阿维尼翁老城的风貌依然保存完好，除了得益于当地政府的补贴，也归功于居民对历史遗迹的尊重。

圣贝内泽桥·波光与夕照映衬如梦远山

　　普罗旺斯是个被上天厚爱的地方,既有连绵的阿尔卑斯山脉环绕,又有蔚蓝的地中海流过,还有美丽的罗讷河穿行其中。作为法国的五大河流之首,罗讷河在欧洲的历史上也起着至关重要的作用。这条起源于瑞士阿尔卑斯山脉罗讷冰川的河水,全长812公里,流域面积达到9.7万平方公里,流经瑞士和法国的罗讷河,是欧洲最主要的航运水道之一,它有着绚丽的景色和粗野的河道,随着温暖的河水最终汇入地中海。

　　罗讷河曾经见证过普罗旺斯千年的历史,多少大大小小的战争在河岸爆发,多少繁华场景在河边出现,多少艺术作品在河边诞生,罗讷河的河水带走了如烟的往事,却将历史在横跨其上的圣贝内泽桥桥上留下了镌刻。

　　夏天的时候,在罗讷河畔,可以在Porte St.Dominique城门附近坐上游船,在河上游览阿维尼翁。整个行程45分钟,包括教皇宫、岩石公园等历史古迹,之后再掉头游览另一岸边的维勒纳沃,其中,第一站就来到八百多年前建造的圣贝内泽桥。桥的入口处就有解说器出租,可以选择任意语言。挑选了一个中文的解说器,我开始了桥上之旅。

圣贝内泽桥，历史与残缺

有河水的地方一定有桥，普罗旺斯的阿维尼翁也不例外，只不过，这里的桥并不完整，它就是普罗旺斯那座有名的断桥——圣贝内泽桥。关于它，有一个亘古流传下来的传说。

传说在1177年，一个名叫贝内泽的15岁的年轻牧羊人，无意中听到了一个来自天上的声音，这个声音对他说："贝内泽，拿上你的牧羊棒，下山到一个叫阿维尼翁的地方去，那是一个位于河边的都市，你去告诉那里的人，说他们应该修建一座桥。"

于是，牧羊人贝内泽从自己居住的阿尔代什山来到了罗讷河的左岸，为了渡河，他将身上的最后三个硬币给了船夫。

第六章　阿维尼翁·生命里那些不容错过的风景

到达阿维尼翁之后，他将自己听到的神谕向当地人宣布，可是却根本没人相信，甚至有人觉得他是一个疯子。

无奈，贝内泽只好选择在一个周日来到圣母院前的广场上，阿维尼翁的主教当时正在广场上举行恩赐，贝内泽向主教大声地呼喊："主教大人，我是受万能的上帝旨意来罗讷河上造桥的！"

教会起初并不相信他说的话，为了让他证明没有说谎，教会对贝内泽说，如果你能举起一块巨石，并扔进罗讷河中，我们就相信你说的话。举起这块巨石，至少需要十几个壮汉的力量，然而牧羊人贝内泽毫不犹豫地将巨石扛起，在众目睽睽之下将它扔进了河中。如此神迹显现，贝内泽不仅让教会同意了他建桥的要求，同时也被众人视为了圣人。

在建造的最初，圣贝内泽桥是在石头建起的桥墩上搭上了木头作为桥面，当桥被洪水冲垮后，人们成立了"桥梁慈善会"，当然还是由贝内泽牵头，有24个富人会友，他们一直坚持不懈地为建桥募捐善款，当时的有钱人纷纷为建桥捐款。在贝内泽的带领下，大家用了八年的时间，终于将大桥建成。当时修建的这座横跨罗讷河的桥梁，就以他的名字，被命名为了圣贝内泽桥，而桥头的位置，就定在了他扔下巨石的地方。

作为罗讷河上唯一的一座桥梁，圣贝内泽桥为阿维尼翁带来了可观的经济效益，但这并不是贝内泽的唯一目的。此后，他和会友们又设立了一个小型非宗教性质的慈善团体，目的是修建一个带墓地的教堂和医院。

在贝内泽去世之前，这一愿望并没有完全实现。到了1321年，在圣阿格里高教堂的帮助下，将原来的医院迁到了桥附近，人们又在埋葬贝

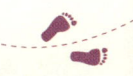

内泽的地方修建起了教堂，至此，圣贝内泽桥的建筑才终于完整。贝内泽去世后，他的遗体被安葬在桥上的圣尼古拉斯小圣堂里。从13世纪开始，贝内泽的信仰不仅得到了广泛传播，他的肖像也被人们刻到了石头上面，作为肩头的装饰。

在法国，有一首广为流传的民谣——"我们在阿维尼翁桥上跳舞"，指的就是这座桥，许多情侣喜欢把这里作为约会地点。向导向我们讲解，圣贝内泽桥曾经是罗讷河下游唯一的桥梁，它全长900多米，有22个拱孔，是连接着阿维尼翁和左岸的阿维尼翁新城的唯一通道。

然而，圣贝内泽桥建成之后，曾在13世纪和15世纪多次被洪水冲垮，又被多次重修，直到17世纪，罗讷河洪水泛滥，圣贝内泽桥被罗讷河的河水最后一次冲断，大部分桥墩也被冲毁，人们决定放弃重新修建，仅剩的桥拱也被陆续拆除或者自己倒塌。圣贝内泽桥从此再也不能横跨两岸。

如今，这座断桥只剩下了四个拱孔，但是就像断臂女神维纳斯一样，不完整的圣贝内泽桥，更加给人一种残缺美，当天近黄昏，夕阳的余晖笼罩在人们的身上，圣贝内泽桥美景让人更加痴迷。站在圣贝内泽桥上欣赏阿维尼翁，更能体会到这座古城的沧桑历史。

站在圣贝内泽桥上，我回头望向阿维尼翁古城，整座城仿佛就在天空中，让我想起了宫崎骏的电影《天空之城》，整座阿维尼翁老城从这个角度看去，仿佛有了灵性，一边远古，一边都市，我仿佛站在穿越的夹层中。

顺着游客们手指的方向，我向桥头看去，那里有一座小堂建筑。解说器里面说，这座小堂建于18世纪，是圣尼古拉斯小堂。起初，这座小堂就建在圣贝内泽桥上，罗讷河上的船夫经常到这里来朝拜他们的主保

第六章 阿维尼翁·生命里那些不容错过的风景

圣人圣尼古拉斯。然而随着圣贝内泽桥梁的损毁,小堂里的神职人员为小堂的安全担心,他们担心有一天桥梁会彻底倒塌,拒绝去小堂里主持仪式,因此,才有了如今这座小堂的存在。

除了重要的经济作用以外,圣贝内泽桥还成了意大利和西班牙之间重要的朝圣通道之一。当时的历任教皇,在每次通过圣贝内泽桥时,都会在圣贝内泽教堂前祈祷,并施舍一块金币,这也成了一个惯例。后来,由于木质桥面太过湿滑,经常有人会从圣贝内泽桥上滑到水里,因此,便重修了桥面。

作为里昂和地中海之间唯一的一座固定桥梁,圣贝内泽桥也有着重要的战略意义。在古代,河流的两岸都曾经设有严加防范的守卫,只有通过大桥,穿过门楼,通过城墙和一个坡道才能进入阿维尼翁城内。

圣贝内泽桥被阿维尼翁保存得非常完整,也许是为了保留一份桥上的记忆。第一眼看到它时,我想到了杭州西湖的断桥,不知道在浪漫的普罗旺斯,有没有像许仙与白娘子那样凄美的爱情故事在这座断桥上发生。桥边长满了紫色的薰衣草,微风吹来,这些浪漫的植物仿佛在对圣贝内泽桥进行爱抚,在桥上我轻轻闭上眼睛,耳边仿佛能听到有人在轻声唱着"我们在阿维尼翁桥上跳舞"的歌谣,眼前仿佛有无数青年,围城圆圈在桥上跳舞。

随着岁月的流逝,如今,我们只能看到圣贝内泽桥仅剩下的四个桥孔,但是圣贝内泽教堂依然存在,那首曾经非常流行的歌谣《在阿维尼翁桥上》也被改编成了很多版本。听说阿维尼翁为这首歌谣还专门设立了一个旅游展厅,我特意到那里去参观了一下。

在旅游展厅里,许多阿维尼翁的历史文化和交通经济都有专门的展示和讲解,在桥口城市入口的小堡垒里,还设立了一个布置得像专业录音棚一样的歌曲厅。

在这里,可以听到很多不同语言演绎的《在阿维尼翁桥上》,还有不同的曲风,歌谣、蓝调、甚至爵士风格,只要把耳朵凑近小喇叭形状的播音器旁边,就可以清楚地听到。诸多版本中,我最喜欢童声的演唱,儿童清脆如银铃般的嗓音,将这首歌谣演绎的更加欢快,让人听起来想不自觉地随着歌声起舞。据说,这种歌谣是阿维尼翁所有的孩子一定要学会的,歌谣伴随着一代一代的孩子长大成人。

工作人员向我建议,可以自己亲自录制一首,他们会为我做成CD,看到很多游客都跃跃欲试的样子,我也想尝试一下。"在阿维尼翁桥上,人们跳舞,一直跳舞跳舞,所有人围成圈子来跳舞,英俊的男子们这样跳舞,美丽的姑娘们也这样跳舞,官员们这样跳舞,孩子们也这样跳舞……"伴随着这样欢快的语调和歌词，在我的脑海中，一幅欢乐的景象油然而生。也许，阿维尼翁就是像歌谣中唱的那样，是一个欢乐的城市。说实话，我的声音录起来真的不够优美，但是这张CD，可以算是我在普罗旺斯带回的最别致的纪念品。

小皇宫美术馆·在艺术世界里徜徉

曾经有人说,所有的艺术都将成为财富,每一件艺术品,都散发着不同的光芒,向人们用不同的声音讲述不同的故事。我的大学室友小文如今就在阿维尼翁生活,她在这里专门从事博物馆行业,出发之前,她一再叮嘱,如果到了阿维尼翁,一定要通知她,她要好好地带我游览一下当地的风情,尤其是博物馆。

在浪漫的普罗旺斯,艺术简直无处不在,连古老的房子和建筑也有可能是珍贵的艺术品,在阿维尼翁教皇广场的周边,到处都是与艺术有关的场所,这一片不大的区域,也能让我不知不觉逗留了一整天。

俯瞰艺术,登临最高点

出发之前,我和小文与旅游中心一位漂亮的女孩沟通了很久,她是这里的工作人员,有着一双迷人的蓝色眼睛。她建议我们,可以先从岩石公园开始向下走,否则,参观过教皇宫等景点,很可能没有力气爬上公园的山坡,那就会错过很多美景,未免有些遗憾。听从她的建议,第一站我们就来到了阿维尼翁的岩石公园——也是阿维尼翁人民最早居住的地方。

岩石公园就在旅游中心旁边,一路的爬坡让我有点气喘吁吁。每爬

第六章　阿维尼翁·生命里那些不容错过的风景

一段距离，我们就会停下来，从不同的角度好好地欣赏一下美丽的罗讷河风景，近处可以从高处俯瞰昨天看到的圣贝内泽桥。与昨天夕阳下的景色相比，早晨的圣贝内泽桥似乎多了一些朝气，桥下贯穿的公路上来来往往的汽车，让这道孤独的景色显得不那么凄凉。

走进公园里面，美丽的景色让我被这小小地惊艳了一下，在这里可以俯瞰到阿维尼翁小城的全貌，几乎360度无死角。近处的小镇景色和远处的自然风光可以在同一时间尽收眼底，可以清楚地看到阿维尼翁市区的街道和建筑，向远处眺望，可以欣赏到罗讷河对岸的维勒纳沃，再看远一些，可以看到阿尔卑斯山、旺图山和沃克吕兹高原的景色。

公园里有很多供儿童玩乐的设施，有几位家长带着孩子在公园里尽情玩耍。池塘里有野鸭在游来游去，孩子们在家长的照看下，给野鸭喂食，也有一些闲来无事的居民在公园的咖啡厅里享受悠闲的时光。

沿着岩石公园的坡路向下走，可以闻到空气里好像带着一些甜蜜的味道，原来是道路两旁鲜花的味道，这条种满香花的小路，可以通向阿维尼翁圣母大教堂。圣母大教堂建于12世纪，是阿维尼翁最古老的宗教建筑，和阿维尼翁的大部分建筑一样，这也是一座灰白色的外墙。阿维尼翁并没有太高的建筑，圣母院也一样是座矮层的建筑，大门两侧的门柱上雕刻着长着翅膀的小天使。面相大门内侧，默默地注视着被钉在十字架上的耶稣雕像。教堂顶部有一座金光闪闪的圣母雕像，在阿维尼翁的任何角落都可以看到。

教堂里面有一座钟楼，据说，这里的钟声是全法国第二响亮的，一共有35口钟悬挂在里面，每一口钟都拥有自己的名字。因为大小不同，每口钟也有着不同的声音，同行的一位游客悄悄告诉我，这里的钟已经不是建院初期安置的那些了，原来的钟在法国大革命期间，已经被融化

225

之后做成大炮了。说这些话的时候,这位女士还稍稍带着些不屑的口吻,很是可爱。虽然现在圣母大教堂里的钟全部是在法国大革命之后铸造的,但是不论是对法国历史的影响,还是在宗教史上的意义,甚至在建筑学上的贡献,都使圣母大教堂成为流传千古的历史遗迹。

圣母大教堂里面有一个小型的美术馆,叫作Musee du Petit Palais,里面收藏了一些画作和阿维尼翁的手工艺品,全部来自中世纪和文艺复兴时期,呈现了阿维尼翁地区多元的文化和多彩的生活。

皇宫艺术,让阿维尼翁变得不普通

小皇宫美术馆是一座艺术藏品博物馆,里面收藏了从中世纪到文艺复兴时期的精彩艺术品,数量已经超过400幅,大部分都是历代教皇私人收藏的祭坛画。小皇宫美术馆曾经是Beranger Fredol主教的住所,建于1318年。后来,这里还曾经被用作圣公会址和学校,至于作为美术馆向大众开放,是从1976年才开始的。

走进小皇宫美术馆的里面,我惊讶地对小文说,这里还真的像一座小皇宫,摆满了雕塑作品与绘画作品的大厅,看上去显得富丽堂皇,高高的天花板上还有一幅幅的巨大壁画,四周有雕花造型的图案作为装饰,显得既大气,又奢华。

美术馆里共有18个展室,每个展室都有着明确的主题,里面展览的画作也全部都是以圣经故事为主。小文告诉我,博物馆中最出名的画作,是由意大利佛罗伦萨画派的大师波提切利创造的《圣母与子》,身姿优雅纤细的圣母,将健康活泼的圣子小耶稣轻轻抱在怀中,温柔的姿态,慈祥的眼神,在画家笔下表现得栩栩如生。这幅精细的构图,让画中的两个人物产生了情感的互动和交流,女性的形态也画得极其优美。

第六章　阿维尼翁·生命里那些不容错过的风景

在中世纪时期，由于神学的理由和严格画会的规定，当时的画家们在创作宗教主题的画作时，都会将圣母画成一本正经的严肃表情，耶稣也会表现出儿童少有的庄重，仿佛少年登基的小皇帝一般，并且，以宗教为主题的画作，画中人物的眼神必须正视前方，认为这样才能表达出伟大的意志和超脱世俗的爱。

如此看来，波提切利的确是一位聪明的艺术大师，他通过巧妙的选题和构图，突破了画家们一直遵守的规范，人在婴儿时期，是最依赖母亲的时候，生活中的母亲与孩子，总是相依相偎，因此，在《圣母与子》的画中，波提切利尤其细腻地描绘了圣母怀抱圣子时手部的动作，将母亲对儿子的关爱之情表达得淋漓尽致。

除此以外，小皇宫美术馆还收藏了很多意大利的画作和雕刻，像威尼斯派的卡巴乔、早期文艺复兴时期的画家乔凡尼保罗等的作品在这里都可以找到，这些作品大多以宗教作为主体，除了佛罗伦萨派、威尼斯派以外，锡耶纳派、波伦亚派、翁布里亚派以及佩鲁贾派等各大派系也在这里大放异彩。可以说，除了意大利本土的博物馆以外，小皇宫美术馆已经成为收藏意大利名家作品最多的博物馆。

有人说，之所以将这里叫作小皇宫美术馆，是为了与旁边的教皇宫区别开来。在小皇宫美术馆里游览一圈，等于重走了一遍从中世纪到文艺复兴时期的艺术历程。如今，一些现代作品也会偶尔出现在临时举办的展览里，此外还有阿维尼翁学院派绘画作品及阿维尼翁雕塑。小文告诉我，她对小皇宫美术馆有一些偏爱，尤其是喜欢它的建筑外观和大堂，她总是喜欢把客户带到这里参观，她说，在阿维尼翁生活的这么多年，已经记不清到这里来过多少次了。哪怕没有工作的时候，也会散步到这里，在广场上喝杯咖啡，感受着艺术的芳香。

走出小皇宫美术馆，旁边就是曾经辉煌一时的教皇宫。历史资料上记载，自法国大革命之后，阿维尼翁就正式归为法国所有。从那时起，阿维尼翁一共经历了六任教皇，因为受制于法国，当时的教皇也被称为"阿维尼翁之囚"。教皇执政时期，最辉煌的建筑莫过于教皇宫，这是一座城堡模样的建筑，内部装修极其奢华，城堡外围还专门修建了防御用的城楼，在教皇执政时期，还曾经有重兵把守。梁思成曾经说过："中国的房子很多，但是建筑很少。"这句话相当耐人寻味。来到阿维尼翁，我才真正体会到这句话的含义。

教皇宫的外观既古朴，又雄伟而庄严，是由西蒙德·马蒂尼和马泰奥·焦瓦内地两位设计师共同设计而成。从1309年到1377年的60年间，

第六章 阿维尼翁·生命里那些不容错过的风景

共有七位教皇在这里居住过，教皇宫的存在，也显示了阿维尼翁在14世纪基督化的欧洲所扮演的重要角色。教皇宫共占地1.5万平方米，由风格截然不同的旧宫和新宫连接而成，一共有八座塔楼，里面的大殿和小厅之间相互连接，走廊迂回曲折，如果没有小文为我带路，走在这座仿佛迷宫一样的宫殿，恐怕我真的会迷路，她还专门帮我借了一个中文的语音解说器，如果听得不够详尽，小文还会为我补充介绍。

教皇宫是由旧宫和新宫连接而成，站在教皇宫的中庭，可以看到旧宫位于东北方，建于12世纪，是克雷芒五世的寝宫，当他去世后，克雷芒六世继任，他不满足于旧宫的规模，马上为自己的寝宫进行了扩建，也就是位于西南方有着华丽的大窗户的新宫。

教皇宫的中庭非常宽阔，我开玩笑地对小文说，在寸土寸金的中国，这么大的场地不用作停车场，实在是有点可惜了。小文笑着告诉我，这里的场地也没有浪费，阿维尼翁一年一度的阿维尼翁戏剧节将这里选作了主会场。每年7月戏剧节开幕期间，中庭就是重要的表演场地，这里会架上灯光和座椅，每天都有大型的演出在这里上演。

站在中庭，可以看见一座50米的塔，这是阿维尼翁最高的塔，叫作天使塔。旧宫的建筑外墙上，爬满了一层绿色植物，小文说，这是常春藤，一种适应环境能力很强的植物，对净化空气有很大的好处。

解说器中说，由于法国大革命，教皇宫内的摆设几乎在那时完全被摧毁掉了，值钱的东西基本上被洗劫一空。但是小文说，我们还是要去参观一下当年宝藏成堆的三个房间——地下珠宝室、大金库和上帝厅。

从中庭一直向北走，我们看到了这三个串联在一起的房间，首先来到的是地下珠宝室，这里不愧为收藏珍宝的场所，连天花板形成的穹顶都设计成别致的造型。虽然现在这里已经没有任何值钱的珍宝，但是

229

想想当年，这里曾经堆满了教皇世代相传的财产。而大金库当年是用来存储各地缴纳给教皇的税金而建的，墙壁上还有一座很大的壁炉，整个金库包括两个区域，为了怕小偷凿穿墙壁进来偷东西，金库的墙壁建造的非常厚实。上帝厅将旧宫和教皇的寝宫连接了起来，房间的墙壁上还刻着拉丁文字，"Jesus, Hominum Salvator"，大意应该是"耶稣拯救世人"。

我们眼中的教皇宫，已经见不到当年的奢华景象，但是所有主要的房间和大厅建筑依然保存完好。旧宫的一楼是红衣主教会议厅，宽阔且高大，里面曾经有14世纪意大利的画家所绘制的精美壁画，可惜在15世纪初期，由于一场大火，壁画被全部烧毁，我们现在看到的天花板是20世纪重建的。

二楼是宴会厅，里面悬挂着8世纪勾伯蓝的挂毯，从精雕细琢的天花板，就可以想象当年教皇执政时期，这里举杯豪饮、夜夜笙歌的景象。除了作为宴请宾客的场所以外，宴会厅也是一处重要的政治场所，枢机主教集会在这里推选教皇，在阿维尼翁执政的教皇都从这里诞生，整体建筑非常朴实无华。而新宫刚好相反，修建得富丽堂皇，二楼的克雷芒六世拜堂长52米，宽15米，高19米，是这里最大的厅堂，充分显示了教皇的神圣和威严。

位于二楼的雄鹿室，与红衣主教室一样有着14世纪的壁画，画中表现了池塘捕鱼和狩猎季的场景，可惜曾经完整的雄鹿图案已经消失不见，壁画中只剩下了被狗咬住的后腿。雄鹿室曾经是克雷芒六世的书房，除了壁画以外，里面还镶嵌了不少艺术品，因此，这里也被誉为教皇宫里最美丽的房间。

这座教皇居住的宫殿，竟然还开辟出了一个供游人购物的角落。从

第六章 阿维尼翁·生命里那些不容错过的风景

1999年开始,教皇宫的二楼设立了一家精品店,在里面可以买到阿维尼翁葡萄酒,大多是从罗讷河谷的酒庄中挑选而来。导购介绍,这里的酒有六十多款,还特意将这里最出名的葡萄酒拿来让我品尝,不买一瓶还真有点不好意思,还好并不是很贵,几十欧的价格我还是可以承受的。

教皇的寝宫可以称作是教皇宫的"主角",简直可以用绚丽来形容。这间位于天使塔中心的寝宫,只有教皇的亲信才可以进来,主要是在教皇休息的时候伺候他就寝。房间用可以活动的屏风分隔成几个空间,房间的左边是侍者的房间,右边是珠宝室,之所以这样分配房间,是因为寓意着教皇将权利与财富揽在身边。

一进教皇寝宫,我的嘴巴被惊讶得根本闭不上。寝宫里从天花板到四周的墙面,甚至连地板上都画满了色彩艳丽的壁画,以蓝色作为主色,画中的内容全部是花鸟野兽,看上去金碧辉煌。据说,历任的教皇都非常喜欢鸟,甚至在烦闷的时候,还会把夜莺养在房间里,听着它们的叫声解闷。法国还流传着一则笑话:据说当年如果教皇失眠睡不着,根本不需要数绵羊,只要数数鸟就能睡着了。

小文说,寝宫里面当年摆满了华丽的家具,有教皇专用的桌椅和床,还有做工精美的窗帘,是整个教皇宫中最温暖、最有人情味的房间,除了就寝以外,教皇偶尔还会在寝宫里接待亲密的客人。可惜,现在里面已经空无一物。在教皇寝宫的隔壁,还有一间晋见室,教皇在私下会见某人的时候,就会选择这个房间,可是房间已经有了很大程度的损坏,解说器中解释,这是因为19世纪时曾经有士兵驻扎在此,所以才成了现在的模样。

教皇宫的旁边还有一座圣约翰礼拜堂,墙上画满了14世纪意大利名画家Matteo Giovanetti创作的壁画,一共历时三年,壁画的内容就是两位圣约翰的一生的生平事迹。从圣约翰礼拜堂上楼，可以来到三楼的圣马丁礼拜堂，这里也有着同样精彩的宗教壁画，也是由 Matteo Giovanetti 历时三年绘制而成。不过绘制的时间要比圣约翰礼拜堂的壁画早了两年。壁画的主题是圣马丁的故事，他是一位先知人物，就是他指引着克雷芒六世将教皇宫迁离了罗马，来到了阿维尼翁。

  登上位于教皇宫顶部的重要贵宾看台，可以从高处欣赏到阿维尼翁市区的全景，在这里的咖啡馆里，可以一边品尝咖啡，一边欣赏远处的罗讷河和圣贝内泽桥，旁边的圣母大教堂，也可以尽收眼底。

  从教皇宫出来，我才好好地欣赏了一下教皇广场的景致。这里是一个历史与艺术的聚集地，除了有教皇宫、圣母大教堂和小皇宫美术馆这样的历史遗迹以外，还可以欣赏到阿维尼翁的音乐艺术学院。这是一座非常漂亮的建筑，建于1619年，曾经是当地的铸币局，直到今天，建筑的上方还悬挂着Borghese枢机主教的徽帜。教皇广场是通往圣贝内泽桥的主要道路，广场上有一座用鼻子倒立起来的大象雕塑，光是鼻子就差不多是一个成年人的身高，游人们纷纷和大象雕塑合影，小孩子们围着大象的鼻子跑来跑去，非常热闹。

钟楼广场·阿维尼翁的心脏地带

一个城市的市中心,就是它的心脏地带,这里可以看出一个城市的繁华程度与规模,阿维尼翁的中心地带是兼具古朴与现代的地方,政治场所与商业街道并存,严肃与休闲混合而成的气氛,飘荡在市中心的上空。

取道广场,感受庄严与轻松

和大多数城市一样,阿维尼翁的市中心也是一个主要的广场——钟楼广场,阿维尼翁市内的主要购物商圈,全部围绕钟楼广场展开,从广场四周延伸出去的道路,就能通往各个购物中心。

与一般的广场不同的地方是,钟楼广场的形状是长方形,显得宽广而悠闲,阿维尼翁市政厅就坐落于此,钟楼广场的名字,就取自于市政厅建于14世纪的哥特式钟塔。直到今天,这座钟塔还会有钟声响起,飘荡在阿维尼翁上空的钟声,为这个中世纪小城增添了不少古老的情韵。

阿维尼翁歌剧院也矗立在钟楼广场上,代表悲剧和喜剧的雕塑,坐落在歌剧院的两侧,广场边上种植了成排的法国梧桐,各种风格的露天咖啡厅和餐馆,几乎开满了大半个钟楼广场。许多人喜欢坐在这里,一边喝咖啡,一边聊天晒太阳,一边欣赏广场上街头艺人欢快热闹的演

普罗旺斯·捕捉浪漫的故事

出。在阿维尼翁戏剧节期间,钟楼广场也会被当作主要的表演场所,平时,这里的旋转木马等游乐设施也成了孩子们游戏的乐园。

我们来到这里的时候正赶上阿维尼翁戏剧节期间,广场上刚刚结束一场表演,还有很多没有散去的小丑,广场上聚集了很多人,气氛非常热闹。一个小丑的扮演者把手中最后一个气球送给了我,还调皮地对我飞吻,然后转身随着队伍迅速跑开,还不忘记转身对我挥手。在冷饮摊的旁边,还有一些贩卖旧书的摊贩,阿维尼翁的时尚与内涵,在同一时间就可以充分领略,站在钟楼广场上,可以处处感受到沉积千年的厚重的中世纪高卢文化。

第六章　阿维尼翁·生命里那些不容错过的风景

阿维尼翁市政厅是一座三层的建筑，有着米黄色的外墙，一楼入口的两侧各有四根罗马柱支撑，入口的楼上也有四根罗马柱，尖顶和平顶的侧面都有着精细的雕花。不过，第一眼看到入口上方的法语"HOTEL DE VILLE"，我还以为这是一个旅馆，小文告诉我，在法语里，HOTEL DE VILLE跟旅馆可一点关系也没有，它相当于英语中的"CITY HALL"，也就是市政厅的意思。

不远处的阿维尼翁歌剧院，与市政厅相比，就高大了许多。这座歌剧院原名是"市立歌剧院"，关于它的成立，还有一段历史。1824年，钟楼广场上的市政厅隔壁，还堆满了原本笃会修道院的废墟，阿维尼翁市议会经过多次会议，决定开发钟楼广场，将废墟清除，修建一座歌剧院。

剧院的前面修建了希腊罗马风格的柱廊，上面还装饰了两座雕像，分别是文艺之神阿波罗和艺术女神缪斯。可是仅仅过了二十多年，也就是1846年，一场大火将歌剧院彻底烧毁，市政府决定，在原址上再重新修建一座歌剧院，还特意从里昂和尼姆聘请了两位资深建筑设计师。如今我们看到的门前的两座雕像，分别是法国喜剧作家莫里哀和悲剧大师科尼利厄斯。

在街道的转角处，有一座哥特式的尖顶教堂——圣皮耶教堂。教堂建于14世纪，小文说，当地人认为它是阿维尼翁最漂亮的教堂，教堂的整体造型象征着火焰，在普罗旺斯湛蓝色的天空下，圣皮耶教堂的哥特式尖顶仿佛直至天际，非常伟岸。教堂的外墙有着华丽而细致的浮雕装饰，最出名的是教堂的木门，制作于16世纪，上面也有着精美的雕刻。由于今天的主要行程是卡尔维博物馆和安哥拉美术馆，所以我们没有进到教堂里面参观。

广场博物馆，欣赏私人收藏

卡尔维博物馆位于阿维尼翁市政厅的南侧，在18世纪的时候，这里被誉为最豪华的宅邸，里面住着当时的富商，后来成为卡尔维医生的住所。这里有着广阔的庭院，大厅和所有房间都异常宽敞，建筑材质一看就非常考究，连雕花和装饰都非常细腻。

博物馆里面，收藏了数不清的艺术品，博物馆的名字，也是以卡尔维医生的名字命名的。他是一个伟大的收藏家，他在世时，藏品大多都是史前和16至18世纪的作品，数量达到12000件以上，这简直就是一个令人惊叹的数字，更何况每件藏品都可以称之为出色的珍贵艺术品。

如今，卡尔维博物馆中展示的作品以卡尔维医生的藏品为主，其他一些收藏家也将自己的藏品陆续捐献给博物馆，绘画、雕刻、墓碑、黄金、瓷器、挂毯、陶器、铁器、银器等艺术品都收纳其中。这些艺术品的产地来自世界各地，除了北欧以外，英国、意大利、西班牙的藏品也不少，甚至还有一些瓷器类艺术品是来自中国的。

普罗旺斯的大部分艺术场所都以曾经的主人名字来命名，除了卡尔维博物馆以外，安格洛美术馆的名字也是如此。这里曾经是一座豪宅，归安格洛夫妇所有，里面展览的艺术品也都是归这对夫妇所有，是他们一生的珍藏。所有展品都充分体现了这对有钱夫妇的品位和艺术格调。这对夫妇去世以后，将全部收藏和豪宅一起捐给了市政府。1996年，这座豪宅以博物馆的形式向大众开放。

由于这里只是一座私人住宅，所以并不像一般的艺术馆那样有着开阔的空间，里面的参观路线也并不是全开阔式的，整座美术馆内的气氛也显得细腻而优雅。安格洛夫妇毕生的收藏全部展示在一楼，在一幅画前面站了很多人，这些人时不时低声交流，脸上流露出赞叹的表情，我们也走过去凑一凑热闹，发现这幅画原来是由凡·高创作的《火车》，这是安格洛美术馆里最出名的一幅画作，据说，这是凡·高留在南法的唯一一幅真迹。

除此以外，塞尚、迪利亚尼、马奈、窦加、希斯里、维亚尔、毕加索等艺术大师的作品都有涉及，我想起了毕加索的一幅具有里程碑意义的作品《阿维尼翁的少女》。在大学时的艺术欣赏课上，我曾经见到过这幅作品的图片，用毕加索自己的话说："这件作品具有伟大的意义，是我的经验总结。"

整幅画面表现了阿维尼翁少女美丽的形体，组合的形式随心所欲，从这个时候起，毕加索也正式确立了崭新的绘画语言，也是从这时起，毕加索正式放弃了对人体的真实描写，而是把人体用几何化的平面图来表现，虽然当时的人认为这是一种亵渎神灵的做法，但是毕加索的抽象画法却也被传扬开来。

老师在课堂上讲，《阿维尼翁的少女》对当时的艺术界产生了很大的冲击，有人说这是一种煽动的做法，也有人为此感到困惑不解甚至怒不可遏，但无论如何，《阿维尼翁的少女》成了毕加索艺术上的重大转折点和重大突破，这是不争的事实。正是因为有了这幅画，立体主义才能诞生，看来，阿维尼翁这座小城，不仅是毕加索的福地，也为绘画艺术树立了一座里程碑。

沿着住宅内的走廊，从楼梯上到二楼，就可以欣赏到安格洛本人的画作，在二楼的展厅里，还能看到一些来自中国的艺术品，让我倍感亲切。不过最让我感兴趣的是这里的房间摆设，依然维持了主人在时的模样。大厅、书房等房间依然保留着精致的布置，当时富豪的生活状态，由此可见一斑。

戏剧节·一种阳春白雪的体验

阿维尼翁不仅是一个自然之城，还是一个艺术之城。每年的7月，是阿维尼翁举城欢庆的日子。世界上最出名的戏剧节之一——阿维尼翁戏剧节，在这个时候举行为期三周的盛大演出。阿维尼翁戏剧节从1947年开始举办，是法国最悠久、影响力最大的艺术节。

据说，当时的巴黎是著名的艺术之都，除了巴黎以外的地方，都被视为文化的沙漠。来自阿维尼翁的一群爱好表演的人提出了一个想法，将演出脱离剧场，搬到露天的场地，真正地走向观众、走向民间，也可以推动当时战后法国的文化与艺术的发展。

没想到，这一做法受到了法国知名导演尚维拉的青睐，他带领着自己的剧团在阿维尼翁弘扬着这种全新的艺术表演形式。在他的带动下，这种露天的表演形式感染了越来越多的观众，政府也对这种演出形式给予了高度重视。阿维尼翁戏剧节从此声名远扬，成为法国戏剧艺术家和爱好者们不得不去的艺术盛会。"希望戏剧脱下高贵的外衣，让普通百姓通过戏剧节的熏陶，在潜移默化间提高自己的艺术修养和文化情趣"成为阿维尼翁戏剧节的理念。

每到七八月的时候，来自世界各地的艺术家都会齐聚这座小镇，充分展示自己的艺术才华。阿维尼翁戏剧节是这里最隆重的活动，不仅吸

第六章　阿维尼翁·生命里那些不容错过的风景

引了许多年轻的演员和团体，在戏剧节期间，也会有许多文艺界和戏剧界的新秀被发掘出来，从此一夜成名。歌剧、舞台剧在节日期间轮番上演，在阳光晴朗的日子，在街头、广场、任意一个开阔地，都会上演真正的"公民戏剧"，这种挣脱了舞台束缚的表演方式，更加缩短了与观众之间的距离。小文说，从北京和上海也会过来一些参加阿维尼翁戏剧节的剧团，甚至连我国优秀的实验戏剧导演、中国国家话剧院导演孟京辉也曾经出席过。

据说，在阿维尼翁戏剧节期间，每年都会有超过600场的精彩表演，那天我们在钟楼广场上看到的表演，就是其中的一场。除了广场以外，在修道院、教堂、咖啡馆，甚至校园都会有精彩的演出上演。

在阿维尼翁旅行的这几天，我的最大感受就是整座小镇都仿佛正在度假，所有人都沉浸在一种节日的气氛中，无论走到哪里，几乎随处都可以看到戏剧、音乐和舞蹈的演出。小文说，这些都是非官方的节目，也被称为OFF的部分，全部都是表演者或剧组自己出资，演出的内容也没有限制。在教皇宫上演的叫作官方节目，也就是IN的部分，所有的演出都是由法国官方出资邀请。据说，到了晚上，教皇宫的中庭广场上座无虚席，舞台上的灯光辉映着背后古老的城墙，坐在舞台下方，欣赏着台上精彩的演出，能感受到一种迷幻的艺术氛围。

视觉盛宴与文化大餐

在街道上随处行走，我们可以看到来自不同的演出团体在尽兴表演，来自法国、日本、韩国、拉美、俄罗斯的表演者纷纷向观众展示着自己本国的特色，一些演出有着深刻的主题。演出的方式粗暴怪诞、甚至有些残酷，演出并不全都是欢乐的，甚至连自杀等主题也会掺杂其中，目的是对社会上的压力提出挑战。

在阿维尼翁戏剧节期间，演出不限主题，不限内容，既有长盛不衰的世界名剧目，也有初出茅庐的新人新作。俄国著名作家契诃夫创作的《普拉托诺夫》是享有阿维尼翁戏剧节最高殊荣的剧目。这部作品也有着悠久的历史，契诃夫从22岁时开始创作，却直到去世也没有全部写完。因此也给导演们留下了更多想象和发挥的空间，一共有12位导演对这部剧进行了改编并搬上了戏剧节的舞台，每一位导演对这部剧都有着不同的解读，虽然没有任何奖励办法，但是能受到观众的认可，就是他们得到的最大的奖赏。

第六章 阿维尼翁·生命里那些不容错过的风景

亲临戏剧节，欣赏喧哗

我们再次来到了昨天已经来过一次的教皇广场，也许是昨天错过了演出最热闹的时段，我们并没有看到大批的人群。今天来的时间刚刚好，街路两旁的表演者穿着奇装异服在即兴表演，来自大洋彼岸的南美印第安乐队在演奏乐曲，有人在旁边高歌，还有许多人随着音乐跳舞，街舞、踢踏舞让人眼花缭乱。

还有很多行为艺术家装扮成了法老、自由女神、耶稣等造型，在广场上或站或坐，一动不动，路过的游人时不时会在他们的面前的篮子里扔下一枚硬币，作为对表演者的夸奖与鼓励。在这里演出的表演者，完全脱离了年龄与性别的界限。一个扮演成小丑的阿姨，虽然年龄很大，但是依然放得很开，热情地和路过的游人拥抱、握手，逗大家开心。一

241

位留着长发的表演者将自己装扮成树妖的模样,摆出各种造型,和旁边的大叔比起来,他似乎更有神韵一些。

现在我眼中的阿维尼翁,正呈现着一种沸沸扬扬的状态,街道上除了来旅行的游客,更多的是来感受戏剧节氛围的人,如果将城内和城外做一个对比,那简直就是截然不同的两个世界。

城墙外面,罗讷河依然在静静地流淌,呈现一种静谧的景象。而城墙内,游人络绎不绝,甚至连停车场、教堂都被改成了临时的演出剧场,有关戏剧节的海报张贴得铺天盖地,墙上、树上、商店的橱窗里、旅馆和咖啡馆的门口,甚至路灯上,以及一切目所能及的地方都能见到海报。

在小巷的角落,一张嫩粉色的小桌子上也放满了海报。两个美女坐在桌子粉色的椅子上,每人手里握着一个粉色的气球,每个从他们身边路过的人都会被吸引过去拿走一张海报。在街头,有人把海报挂在脖子上,随着自己到处游行。还有人在大街上摆了一把躺椅,支起一把遮阳伞,舒适地躺在椅子上。有人路过就随意抽起一张海报,面带微笑地派发给路人。也有人将自己装扮成海报中剧目角色的造型,手拿海报在大街小巷走来走去,或者边走边唱。整个城市被海报布置成了一个五彩缤纷的世界。

这也是阿维尼翁戏剧节的一大特色,政府鼓励非官方的剧组在街道上自行张贴海报,也鼓励他们到街头表演。正是有了如此开明的政策,让整个城市变成了一个戏剧的大舞台。

演员们穿着各种奇异的服装,一边敲锣打鼓制造出喧闹的氛围,一边成群结队地从街道上穿行而过,还时不时有人站在街边,向路人散发关于演出的传单。游行队伍路过宽敞的地带时,偶尔会停下来为路人表

第六章　阿维尼翁·生命里那些不容错过的风景

演上一段，引起阵阵掌声。

　　小文说，如果是平时，阿维尼翁是个安静的地方，在街上很少能见到大量的人群，虽然戏剧节并没有改变阿维尼翁人睡懒觉的习惯，但是人们会在下午纷纷走出家门，到喧哗的演出队伍中参观游览。到了晚上，还会涌进戏院观看演出。演出结束，一般已近午夜，但是人们的热情依然没有丝毫的消减，露天的咖啡馆和饭店里，马上就会坐满刚刚欣赏完戏剧表演的人们，人们在这里高声评论着刚刚看过的演出，热闹而又兴奋。

戏剧流淌在每一个角落

　　热情洋溢的戏剧迷们为阿维尼翁营造出了嘉年华的气氛，小文说，她喜欢阿维尼翁每年的7月，这个小镇摇身一变成了戏剧之城，她也喜欢在美丽的夜空下认真地欣赏一场戏剧表演。可惜，我并没有提前预订演出的门票，早在四五个月之前，所有门票早就销售一空。但是如此热闹的氛围，是我从没有见过的，能够亲身感受一遭，也称得上不枉此行。

　　大街上的气氛和夏日的天气一样炎热，歌舞表演就是阿维尼翁这座小镇的狂欢，许多游人手里拿着地图在紧张地赶路，生怕错过即将上演的某场演出。在剧场门口，我们看到已经排起了长长的队伍，真羡慕这些买到门票的人们，里面即将上演的精彩戏码与我无缘，但大街上的热闹演出也已经让我眼花缭乱了。难怪法国一位著名的导演这样说："对所有戏剧爱好者来说，阿维尼翁是一座神圣的艺术之城，在这里观看戏剧，就像完成一次幸福的旅行。"

薰衣草·睡在普罗旺斯的星星

　　普罗旺斯，早已不是一个简单的地名，在很多人心中，普罗旺斯似乎早已成了大片紫色薰衣草的代名词，在我心中，普罗旺斯更像一个蒙着一袭紫色薄纱的浪漫法国梦。电影《香水》中，那一大片醉人的薰衣草田正是取景于普罗旺斯广阔的薰衣草种植园，想到即将踏入电影中的唯美画面，不禁让我对此行更加充满期待。

　　不要以为到了普罗旺斯就是到了薰衣草的天堂。其实，普罗旺斯的原野上，更多的是成片的麦田，很少能见到大片的薰衣草。而距离阿维尼翁不远的旺图山，才是真正的薰衣草庄园，从19世纪开始，这里就开始种植薰衣草，堪称薰衣草的发源地。

　　时至今日，普罗旺斯几乎已经成为陆地上最大的薰衣草种植地，全世界薰衣草需求的供应，仅这里就占据了四分之三以上。《香水》《又见一帘幽梦》《薰衣草》等著名的影视作品，都将普罗旺斯的薰衣草田作为取景地。湛蓝的天空下，紫色的薰衣草和金黄的向日葵交相辉映。远处依稀可见阿尔卑斯山的群峰，近处土黄色石砌的乡间建筑，厚实的木门和被精心漆成天蓝色的木质窗板，将这座传说中的薰衣草庄园装点成了世间最别致的景色。

寻访薰衣草，攀登普罗旺斯巨人

普罗旺斯的旺图山，号称全法国最美丽的山谷，是薰衣草和松露的故乡，这里有最著名的薰衣草观赏胜地。为了寻访书中描写的美丽的薰衣草，我在餐厅吃过带有典型法国特色的早餐——法棍面包加黄油和牛奶麦片之后，就迫不及待地开始了薰衣草庄园的梦幻之旅。为了不亵渎这片如梦境般的紫色圣地，我换上行囊中专程携带的一袭白裙，仔细画好淡妆，却唯独小心不让自己沾染一丝香气，生怕不能好好感受那最原始，却又最沁人心脾的梦幻之香。

在如此安逸的清晨，汽车缓缓行驶在公路上，我们在向旺图山前进。旺图山是普罗旺斯山区最大的山岳，海拔1909米，被誉为"普罗旺斯的巨人"。远远地看过去，旺图山的顶峰是光秃秃的石灰岩，没有绿色植被，即使在炎热的夏天，山顶上看起来也是"白雪皑皑"。据说，到了冬天，山顶温度可以达到零下二十几摄氏度，常年被积雪覆盖，从远处看到的山顶更显洁白。

旺图山上的风很大，当北风刮起，人们的靴子都会被吹跑。据说，历史上记载的最大的一次大风，每小时的风速超过了230公里。正是因为大风，让旺图山的山顶与山谷之间形成了十几个层次的坡地，也是因为大风，让旺图山有了现在的名字，"Ventoux"在法语的方言中就是"风很大"的意思。也许是大风吹散了天空中的阴霾，旺图山的天空一年四季都是纯净的蓝色，在没有风的日子里，人们喜欢到这里进行徒步旅行，感受山区的淳朴民风和美丽景色。

沿途我们看到许多骑自行车登山的游客，在环法自行车大赛中，旺图山就是其中一段。我们第一站的目的地是旺图山中的索村，这里有大片的薰衣草田。在向索村行驶的一路上，凡·高笔下的画卷再一次真实地展现在我眼前，高高的路基两旁是金黄色的麦田，已经收割的麦秆被卷成一个个硕大的麦秆卷，在阳光的照耀下更显金黄。路上人少车也少，阿尔卑斯山的身影若隐若现，山坡上大片金黄色的向日葵让我仿佛穿越到文艺复兴时代的法国，这些充满希望的植物充满了律动感及生命力。

车子开了一段时间之后，一片仿佛流淌至天边的紫色海浪在我眼前逐渐清晰。说它无边无际，一点都不为过。6月下旬到7月中旬，是普罗旺斯薰衣草颜色最好的季节。此刻，这一望无际的紫色梦境正以最完美的姿态展示在我眼前。

我对薰衣草的情结由来已久，眼前的景色简直让我终生难忘。大片的薰衣草在小村落中肆意地生长，原来薰衣草也有着丰富的个性，除了一贯给人浪漫纯美的印象以外，竟然还能展示出任性狂野的一面。空气中的味道仿佛冰镇的柠檬水般沁人心脾，漫山遍野的薰衣草简直让人狂喜。

我幻想过无数次见到大片薰衣草田时的情景，想象中的我，欣喜若狂，迫不及待地奔入花丛，贪婪地享受阵阵花香。可是，当我踏入薰衣草田的那一瞬间，却感到从内心中缓缓升腾的一丝沉静，每走一步，这份沉静更加深一分。逐渐地，身体和精神也感受到极大的放松，仿佛已遁入空灵。晨光中刚刚睡醒的薰衣草，还带着一丝朦胧的神态，点点阳光，仿佛是刚刚从花田中醒来的金色精灵。微风吹过，满眼一望无际纯美的紫色，连呼吸中都是无须蒸馏萃取就能闻到的甜美气息。

在普罗旺斯的薰衣草田里，不仅可以拍到绝美的摄影作品，也吸引了世界各地无数的浪漫情侣来这里拍摄婚纱照。远处一对金发碧眼的情侣，让我想到童话中的精灵王子与公主，大片紫色中镶嵌一抹白纱，

第六章　阿维尼翁·生命里那些不容错过的风景

这何尝又不是童话中才会出现的情景。据向导说，他们来自巴黎，之所以从时尚之都特意来到这里，或许是源于法国人血液里流淌着的浪漫情怀。准新娘告诉我们，从少女时代起，自己就对紫色的薰衣草花海产生了向往和热恋，在薰衣草田中拍摄婚纱照，更是成了一种执着。

这正好符合了薰衣草的花语——"等待爱情"。说到爱情，当地还流传着一个关于薰衣草的唯美爱情故事。

很多年前，普罗旺斯有一个美丽的女孩，美丽的花朵是她的最爱。一天，她去山谷中采摘含苞待放的花朵，途中遇到了一位受伤的小伙子。这是一名来自远方的旅人，小伙子阳光帅气的笑容立刻占据了少女的心扉，而手捧花束的少女，在小伙子眼中比任何一朵花都美丽。不顾家人的反对，少女将小伙子留在家中养伤。日子一天天过去，小伙子逐渐痊愈，两人的感情也如胶似漆。一天，小伙子终于要告别少女继续旅

程，少女决心跟随小伙子回到故乡。在少女临走前，奶奶交给少女一把初开的薰衣草花束，让少女用它来试探小伙子的真心。

据说，薰衣草的香气会让不洁之物现行，就在启程之前，少女将藏在衣服中的薰衣草花束扔向小伙子，小伙子随即幻化成一阵紫烟飘起，只留下少女孤单的身影。风吹过山谷，仿佛小伙子在低语："我就是你那颗想远行的心啊……"不久，少女也不见了踪影，有人说，她沿着花香去寻找小伙子了；有人说，少女也被小伙子幻化成了一缕紫色的烟雾飘远……薰衣草的出现，就代表了爱与承诺，当你真心的爱上一个人，不妨送她一大束薰衣草，好好地表达你的爱意。

清新朴素的索村，被紫色的薰衣草和棕色的双粒小麦披上了华美的外衣。薰衣草盛开期间的普罗旺斯小村庄，仿佛变成了花的海洋。除了紫色的薰衣草以外，村子里的居民们还会把各种颜色的鲜花挂在自家窗外，一条条街道就这样被五彩缤纷的花朵点缀着，分外热闹。

一家家别具特色的小店兜售着各自的特色商品，而最具代表性的各种薰衣草制品被聪明的店家们摆在街头，不仅方便游客挑选，也成了热闹的集市中又一种点缀，让瓦朗索勒小镇成为名副其实的薰衣草小镇。这些薰衣草制品中，包含干花、花粉、花茶、香料、精油等举不胜举，沁人肺腑的幽香简直让人陶醉。把晒干的薰衣草放进衣柜，芳香的气味可以数年不散，除了驱虫，还能将衣服熏染上好闻的香气，这也正是"薰衣草"花名的由来。

薰衣草淡雅温和的香气，更是将许多香水大师、精油大师吸引到此。他们将薰衣草称作宁静的香水植物，只需几滴薰衣草精油，就能舒缓一整天工作带来的身体和精神压力，滴在枕头上，还能帮助长期失眠的人士改善睡眠。在索村的香薰小铺里，我忍不住将各种瓶瓶罐罐薰衣草制品收入囊中，想必在薰衣草最正宗的产地，它们的功效也会更加纯正吧。

当地的居民告诉我，傍晚的薰衣草田还会有更加令人沉醉的美景。与白天不同，傍晚的薰衣草田在夕阳的金黄色光线下，会呈现出浓烈的紫红色，可惜由于日程的安排，我来不及见到这样的画面。依依不舍地离开梦中的薰衣草庄园，我的脚尖又将指向别处。只是，当我闭上眼睛，眼前有大片的薰衣草在夕阳下热烈地怒放。

告别薰衣草，受到甜品诱惑

除了薰衣草以外，松露也是普罗旺斯地区最出名的特产之一。在中世纪的古城卡庞特拉，就有着销售松露的传统市场。松露是一种菌类，含有丰富的蛋白质等营养物质，产量非常稀少，所以也异常珍贵。松露、鹅肝和鱼子酱，被誉为世界上三大珍味之王，法式大餐中，自然少不了松露的一席之地。

在卡庞特拉的集市中，我们并没有见到大量的松露摊位，想想也是，这么珍贵的食材，怎么可能摆上街边沿街叫卖。不过，各种新鲜出土的蔬菜水果似乎比松露更能吸引普通人购买，清晨采摘的花卉也散发出清新的香味吸引人们光顾，这里是当地家庭主妇最喜欢的场所。除了可以购买到新鲜的食材以外，在集市中还可以买到日常生活的日用品，最有特色的是藤编的菜篮和背包，当地的每个家庭主妇在逛集市时，都会拎上一个用来装购买到的物品。

作为一个地道的吃货，食物总是更能吸引我的注意。眼前一家出售手工甜品的小店里，一位甜品师正在现场制作一种糖果，小文说这是卡庞特拉的特色小店，尤其是现场制作的手工糖果，总能吸引到很多人

249

购买。

毫无疑问，法国的美食是世界闻名的，甜品更是一大特色。卡庞特拉小镇制作甜品已经有差不多两百年的历史了，之前在尼斯见到过的糖渍水果，在这家店里也有出售，经过六个星期腌制的水果蜜饯，在罐子里散发出珍珠一样的光泽。

甜品师一边忙活着手里的活儿，一边滔滔不绝地向我们推销他正在制作的这款甜品，他说，这种甜品叫波林果，是卡庞特拉最出名的甜品，做好之后的，每个糖果上都会带有彩色条纹，样子非常可爱，尤其受到小孩子的欢迎，每个小孩子都希望父母回家的时候能为自己带上一包。

波林果是用制作糖渍水果时剩余的糖浆制作的，我们看到甜品师在糖浆中加入不同的颜色和口味，然后用铲子拍打成扁平的形状，再折叠成块。拍打中的糖浆颜色有些发黑，类似我们常吃的黑糖，接下来再从大块的糖浆中取出一小块，拉长搓细成彩色的条状，再重新缠绕回大块的糖浆上，整体继续拉伸和折叠，美丽的条纹糖果就做成了。将长条的糖果用剪刀剪成一个个小块，装在漂亮的小盒子里出售，这种纯手工制作出来的糖果不仅是孩子的眼中的美味，成年人也喜欢把它当作饭后甜品来食用，更多的是游人把它当作礼品买回去，送给亲朋好友。

又见薰衣草，邂逅山丘古城

一路穿越连绵起伏的群山，车窗外是苍翠茂密的树林，车子来到一望无际的麦田村落，山丘古城戈尔德——在美国CNN旗下权威旅游网站评选出的世界最美丽的十大小镇的榜首，是我们的下一站目的地。我发现，越靠近戈尔德，地势也越来越高，一座座石头堆砌而成的建筑逐渐出现在眼前。可是，还没靠近小镇，我们的车就被许多来观光的车辆堵

第六章 阿维尼翁·生命里那些不容错过的风景

在了后面,费了好大一番周折,我们才勉强在停车场挤到了一个车位,否则,差点就要从几公里外的地方步行进入小镇了。

这是一座由石头堆砌而成的小镇,每一块石头都是历史的见证。那些外形粗狂斑驳的石头建筑,透出一种厚重的韵味,仿佛具有一种坚固而不可动摇的力量。如果将普罗旺斯的其他小镇比喻成浪漫的美女,那戈尔德就是一位饱经风霜、充满历练的男人。

在11世纪时,由于绝佳的地理位置,让戈尔德成为当时的军事要塞,之后这座小镇又经历了宗教战争和地震的考验。令人惊讶的是,这一次次的灾难并没有将戈尔德摧毁。如今,中世纪建成的教堂、城堡、城墙、老宅等石头建筑,依然稳稳地矗立在城中,甚至越发坚强和迷人,让人无法不心动。

在城内,最早的古迹可以追溯到11世纪,广场上矗立着世界第一次大战的纪念碑,广场上的露天餐厅里坐满了人,在遮阳伞下一边欣赏古老厚重的石头建筑,一边品尝法国美食,一定别有一番滋味。在城内,深深浅浅的小巷不少,全都铺着石子小路。身处这样的宁静之中,让人什么都不想做,生怕每一个微小的动作,都能破坏这样的美好和宁静。

这座坚固的小镇还曾经吸引了许多艺术家在此停留,他们的足迹让这座小镇充满了艺术的情调。在戈尔德小镇的中心,矗立着高大的戈尔德堡,这座建于16世纪文艺复兴时期的古堡,曾经是一座防御重地。如今这里成了收录着欧普艺术创始人维克多·瓦萨雷利的抽象画作的艺术馆,里面有五个房间专门用来展示这位出生于匈牙利的艺术家的作品,包括画作、雕塑和木雕,这座博物馆为戈尔德赋予了另一种艺术魅力。无论经历了怎样的磨难,艺术的种子依然可以在这里生根发芽,在街头巷尾,随处都可以看见画廊和艺术品店,这里散发出来的艺术情调让我沉醉其中，流连忘返。

在戈尔德南面的伯希村，熟练的工匠们徒手就可以将石头盖成房子，每一座房子都被建成了蜂窝的形状，非常独特。据说，这种盖房子的方法大概是从3500年前一直流传到今天。

小文告诉我，在戈尔德西北方的塞南克修道院里，还有一片薰衣草田，虽然刚刚欣赏了大片的薰衣草，但是那一抹浪漫的紫色还是让我忍不住到那里去再去欣赏一番。

塞南克修道院隐藏在一片幽静的山谷中，周围有树林环绕，这座建于1148年的建筑，是一座西妥教的教堂。和伯希村的房子一样，塞南克教堂的房顶采用了石灰片岩，内部和戈尔德的建筑一样采用了石头内壁，方形的窗户和圆拱形的天花板并没有过多的装饰。这间过于朴素的修道院如果用艺术化的语言来形容，那就是简约主义。

当年修建教堂的时候，所有的石头都是从外地运过来的，如今在每一块石头上，都能看到人工刻上去的符号，这是一种原始的计费方式，建筑工人的工钱就靠搬运石头的数量来结算。

由于西妥教是非常严谨的传统教派，住在塞南克教堂里的修道士们，按照严格的教规过着清贫的禁欲生活。他们的一切业余生活，都用来培育教堂外面那片美丽的薰衣草。虽然这片花园并不大，但从高处俯瞰下去，那种自然纯美的景象让人过目难忘，紫色的花海将白色的修道院映衬得异常美丽。

为了防止薰衣草遭受破坏，在花田的四周有一道铁丝网将游人隔离开来，不过，可以在旁边的薰衣草花道中进行合影，也可以到修道院开设的礼品店里购买一些薰衣草制品，这些凝聚着修道士们辛勤汗水的物件，比其他纯粹商业性的礼品更加有纪念价值。

村庄与集市 · 洗尽铅华，返璞归真

在旺图山安静的小村落里，集市与商店处处充满了淳朴的意味。在阿维尼翁市内，一条著名的购物之旅路线，虽然不似村庄集市那样返璞归真，却也能最直观地感受阿维尼翁当地人的生活状态。

室内集市，品尝香甜美味

染匠街是购物之旅的起点，这是一条邻近索格河的街道，从14世纪到19世纪期间，这条街道的制造业相当活跃，尤其是17到18世纪之间，阿维尼翁的织布业一度非常闻名，为了给纺丝厂和磨坊提供电源，这里曾经建起了二十三个水车用来发电。纺织工人们利用索格河水进行染布和冲洗印度画布，染匠街的名字也由此而来。由于二十三个水车对染匠街的突出贡献，染匠街也被当地人称为水车街。虽然如今只剩下了四个水车，但是"水车街"这个昵称依然保留了下来。

整条染匠街由鹅卵石铺就而成，沿街种植着悬铃木，在夏日为整条街撑起阴凉。街路两旁还有密码大楼、让·亨利·法布尔故居、灰色忏悔小堂以及科德利埃修道院钟楼四大古迹建筑，据说，在科德利埃修道院里，曾经埋葬了弗朗切斯科·彼德拉特终生爱慕的萝拉。

虽然阿维尼翁的织布业早已没落，但染匠街依然是个热闹的场所，一间间咖啡厅、餐厅、戏院、商店将染匠街装点得五彩缤纷，远道而来的游人蜂拥而至，在古色古香的小巷里晒着太阳，感受普罗旺斯独特的小镇风情。

在普罗旺斯的这些日子里，每到一个城市我都会去感受一下集市的气氛，因为在集市里最能直观地体会到当地人的生活情调。在阿维尼翁，有一个独特的集市，之所以说它独特，是因为它开设在室内。不仅如此，还因为这个集市的建筑是出自著名设计师Jean Nouvel之手，巴黎的布莱利码头艺术博物馆，也是这位建筑师最出名的杰作之一。

当我第一眼看到Les Halles市场的外观时，真的不敢相信这里是个集市，类似艺术博物馆般的建筑外墙上，爬满了藤蔓蕨类植物，仿佛为整座大楼筑起了一道绿色的围墙。我不由得感叹，在美丽的普罗旺斯，艺术简直无处不在，连普通市民买菜的场所，都有着这样独具匠心的设计。

室内集市中出售的商品和大多数的露天集市差不多，几乎看不到不新鲜的食材。这里出售的海鲜都是一大早从马赛码头运过来的，蔬菜、水果也都是当天采摘的。店家自豪地告诉我，阿维尼翁最出名的米其林餐厅，也会到他这里来选购食材。奶酪是普罗旺斯人必不可少的餐桌美食。之前在阿尔勒集市上购买的那块羊奶干酪，早已被我和小文在前一天的晚餐用它配了红酒，小文说，Les Halles市场简直可以称为奶酪的天堂。果然，那天在集市上见到的所有奶酪这里都有出售。

除此之外，老板还有专门的储藏室用来将奶酪发酵成不同的状态，有一块跟汽车轮胎差不多大的奶酪是这里的镇店之宝，老板说，这样的奶酪，必须要采用普罗旺斯当地的牛初乳，制作出一块成品差不多要一个多月的时间。因为稀少，所以珍贵。当然不会有人把如此硕大的奶酪

第六章 阿维尼翁·生命里那些不容错过的风景

整块买回家,一般都是分割成小块出售,老板用小刀片下了薄薄的近乎透明的一小片让我品尝,果然,口中瞬间就充满了奶酪的香气,这么货真价实的推销方式,让我毫不犹豫地就买了一块。

卡庞特拉的特产甜品是糖渍水果和波林果,阿维尼翁的特产甜品则是巧克力。Mallard巧克力店是阿维尼翁一家最出名、最高档的巧克力店,这里出售的甜品都是店里特制的,所有巧克力和糖果都有着精致的外观,光从视觉上就让人忍不住想尝一尝。这里最出名的甜品是一款酒心巧克力球,叫作Spec d' Avingon,酒心是一种甜酒,外皮裹着鲜花香料,一口咬下去,酒香、花香、巧克力香混合在一起迸发出来,既香甜又醇美。

由于是夏天,这家巧克力店里也有冰激凌出售,当然,最受欢迎的还要数巧克力口味。从这里路过的人,无论是游客还是当地人,都忍不住想尝一尝。店家的聪明之处正在于此,购买了冰激凌的人,很容易被这种香浓的味道吸引,自然而然就会进入店内挑选一些巧克力。这种销售技巧,还真值得学习一下。

法国人用餐很讲究,在正餐上桌之前,总是喜欢用一些蘸酱的面包来作为开胃餐。与面包本身相比,各种口味的蘸酱似乎更加重要。人们往往跟自己的口味选择蘸酱的种类,这种吃法的确能起到很好的开胃效果,那些香浓的蘸酱,光是看上去就让人胃口大开。

生活在普罗旺斯的老人家,喜欢自制面包酱,而对于现代的年轻人来讲,店里出售的成品面包酱似乎更受欢迎,尤其是包装好的面包酱更方便游客携带。在阿维尼翁,哪怕是最小的超级市场也能买到瓶装的面包酱,但要说到正宗的品质和口味,还要到距离Mallard巧克力店不远的Les Delices du Luberon面包酱店去看一看。

这家面包酱店有着砖红色的外墙和黄色的招牌,落地的大玻璃窗可以将店内陈列的商品一览无余的收入眼底,在暖黄色的灯光的照射下,各种食品看起来似乎更加美味。货架上摆着瓶装的橄榄油和罐装的面包酱。

在靠近门口的玻璃柜台里,陈列着不同口味的散装面包酱,店员告诉我,这里出售的所有面包酱都是自制的,不会使用任何添加剂,她一边介绍一边为我展示。茄子鱼子酱、橄榄酱、西葫芦胡瓜酱、咸鳕鱼酱、红香蒜酱、甜洋葱酱等,都可以现场搭配面包免费试吃,如果选到自己喜欢的口味,店员除了会把产品精致的包装好之外,还会耐心地教你面包酱的其他吃法。

集市寻香，享受生活的艺术

普罗旺斯最出名的香氛用品欧舒丹，将所有店面都统一装修成了橙黄色调，想必是想将普罗旺斯最美丽的色彩呈现给世人。每一个热爱生活的人，都希望生活中充满了芳香的气味，在欧舒丹这家普罗旺斯传统的香氛店里，可以感受到生活的艺术无处不在。果香与香料混合在一起后形成的独特香味，简直让人沉醉。

店员介绍说，这种香味非常适合居家使用，在家里也能仿佛置身于大自然般感受花草的芬芳。在欧舒丹店里，不同的展示区都有着不同的气味：柠檬、黑莓、绿茶、玫瑰，每一种香味都可以让家里更有个性化的氛围。

店里陈列的各种护肤和香薰产品，简直让任何一个女生迈不动脚步，我和小文也抵挡不住诱惑挑花了眼。考虑到阿维尼翁是薰衣草的产地，所以我们决定购买一些薰衣草制品。薰衣草的精油和浴盐自然不必说，早已成了囊中之物，四四方方好像紫色魔方形状的薰衣草香皂，光是看起来就充满了夏天的味道，最特别的是薰衣草的香石，被做成了蚕的造型，摆在家里，可以一年四季都让家里充满了夏天的芬芳气味。

阿维尼翁的交通主干道很少，共和国路就是其中一条。它不仅连接着钟楼广场和共和国门，还是一条主要的商业街，一些欧美知名的服装品牌店在这里都有分店，甚至连一些国际知名的奢侈品牌也将店开在了这里。

除此以外，共和国路两侧，餐馆、咖啡馆、超市、药妆店林立，还有许多阿维尼翁的特产商店，在这里除了购买到薰衣草制品以外，彩绘陶瓷、鲜花、巧克力、普罗旺斯花布等具有强烈普罗旺斯特色的产品都能买到。在街路两边的民居墙壁上，到处都能看到刚刚洗干净的衣

257

服,衣服在风中随意飘荡,形成了一道独特的风景。毕加索著名的错视画——白色的机关车,正是从这里的窗口诞生的。从共和国街转入小巷,可以充分感受这里的安静氛围,在墙壁上,偶尔还能看到一些涂鸦的画作,非常有文艺气息。当地人打着电话从我身边走过,一切的一切好像是电影中出现的镜头,我仿佛置身于一场法国文艺片的场景,一切都是那么浪漫美好。

SOULEIADO普罗旺斯印花布店,是普罗旺斯地区最出名的一家印化布专卖店,这家店已经有2000年的历史。除了阿维尼翁以外,在整个法国都没有分店。就连欧洲、美国和日本,都能看到这家店的身影。普罗旺斯印花布有着最能代表普罗旺斯田园风情的热烈颜色,无论是向日葵般的金黄还是薰衣草般绚烂的紫色,都能让使用它的人和家里充满着鲜活的色彩。和大街小巷的集市中出售的普罗旺斯印花布相比,SOULEIADO的产品有着更好的质量和做工。

店里的陈设简直可以堪称色彩博物馆,除了出售各种图案的花布以外,还可以买到用花布做成的衣服、桌布、餐巾、椅垫、手袋等成品。店员介绍,店里的花布全部采用纯天然的花卉作为染料,独特的印花技术完全不会掉色,就连瓷器和杯子都采用这种印花方式。

虽然之前已经买过普罗旺斯印花布制成的桌布和椅垫,但是这里的餐巾又让我爱不释手,全棉材质的花布有着柔软的手感,我有预感,这些仿佛艺术品般的餐巾会被我作为收藏好好的摆放起来,根本不舍得使用。

作为时尚发源地的法国,总是有着与众不同的时尚品位,大众的服饰品牌当然不能完全满足法国人走在世界前沿的潮流审美。在法国,有品位的人更喜欢选择时尚感和设计感都很强的服饰。所以,私人定制服装在法国也受到上流社会和时尚圈的热烈追捧。约瑟夫弗内特路，就是这样一个遍布私人定制服饰店的场所。

　　许多独立设计师都喜欢把店开在这里，店里出售的服装有着或优雅、或夸张、或时尚的款式，即使只是从橱窗边路过，也好像走在巴黎时装周的秀场。以时尚著称的法国人，最不能忍受的就是和别人撞衫，私人定制的服装完全既避免了这一烦恼，又能凸显自己的时尚品位，当然，价格也非常昂贵，任何一件衣服的价格都能让我咋舌，不过亲身感受一下上流社会的优雅和奢侈，也是一次难得的体验。

桃红酒·饮下整个普罗旺斯

逛了一个上午，我和小文早已饥肠辘辘，刚好阿维尼翁著名的Christian Etienne餐厅就在离我们不远的地方，这是一家名列米其林一星的餐厅，光从装潢上就能看出这家餐厅的品质绝对不俗。点菜时，服务生既耐心又专业地为我们介绍每一道我们感兴趣的甜品和主菜，在选择葡萄酒的时候，小文和服务生同时建议我品尝一下当地出名的桃红葡萄酒。

因为普罗旺斯在公元600年前就已经有了葡萄园，因此这里也成了最古老的葡萄酒产区。当罗马人将普罗旺斯占领之后，又将葡萄酒的酿造方法进行了大规模改良。虽然如今葡萄的栽培和葡萄酒的酿造技术，已经传入了法国的隆河谷、博若莱、勃艮第、加斯科尼和波尔多等多个地区，但普罗旺斯的葡萄依然保持着最高的品质。因为这里阳光充足，夏季炎热干燥，适合多种红葡萄和白葡萄的生长，在众多的葡萄酒中，最出名的就要属桃红葡萄酒。

服务生为我们介绍，桃红葡萄酒是世界上已经知道的最古老的酒种，它并不是由红葡萄酒和白葡萄酒在一起勾兑而成。桃红葡萄酒采用的是传统的酿造方法，它的桃红色是由酿造时葡萄皮和葡萄果肉接触的时间长短而决定的。如果浸泡的时间过长，甚至会把酒酿成"黑葡萄酒"。在中世纪时期，颜色过深的葡萄酒是给奴隶喝的，桃红色的葡萄酒才受到贵族和王室的追捧。

桃红葡萄酒也叫粉红葡萄酒或玫瑰红葡萄酒，酿造的方法与干红葡萄酒很像。在酿造桃红葡萄酒时，先将葡萄带皮发酵一至两天，葡萄皮在葡萄汁中泡制的时间很短。因此果汁只获得果皮中很小部分的颜色，一旦葡萄酒呈现了美丽的桃红色，马上就会将葡萄汁放出，单独发酵，剩下的更为浓稠的葡萄汁可以继续用来酿造葡萄酒。

据说，普罗旺斯桃红葡萄酒的酿造方式有两种，除了上面说过的方法以外，还有一种酿造颜色较浅的葡萄酒的方法。将红葡萄直接搅碎，使色素渗入果汁中，然后再压榨，如此得到的果汁只有少量的色素，浅淡到接近白色，好像白葡萄酒一样，这样的酒也被当地人称为"染色的白酒"，口感和气味也和白葡萄酒一样。

服务生说，他们的桃红葡萄酒全部都保存在8至12摄氏度的空间里，这样的温度保存的酒，在引用时能避免酒精过快发散，还能保留住葡萄酒的香气。并且，所有的桃红葡萄酒的生产日都是五年以内，这也是这种酒的特性，一定要在它们"年轻"的时候品尝，一旦这些酒"老了"，口感和味道就会差上很多。这么详尽又带有诱惑里的介绍，让我怎么能不动心。

当酒上桌的时候，我终于承认服务生并没有说大话，杯子中的桃红色液体有着亮丽的色泽，从感官上就给人亲切和时尚的感觉，端起杯子轻轻闻一下，一股淡淡的花香混合着浓浓的果香扑鼻而来。尝上一小口，含在嘴里，微微的酸味里透出果香的清新口感，咽下去时，非常顺滑，清爽的香气让人回味悠长。

小文说，在普罗旺斯，很多葡萄园都是由修道院种植。当年一名

261

普罗旺斯·捕捉浪漫的故事

叫博瓦奴的传教士在普罗旺斯建起了第一座修道院后,分散在各地的普罗旺斯籍的修道士们也纷纷回到了家乡,他们掌握了葡萄的种植栽培技术。短短几年的时间里,修道士们建起了十五座修道院,全部都带有葡萄种植园。随后,修道院越建越多,只要有修道院的地方,就有葡萄园的存在。如今,很多知名的葡萄酒庄,都建在了修道院的旁边,这其中最出名的要数圣萝丝琳酒庄。关于这里,还有一段广为人知的故事。

一个叫萝丝琳的女孩出生于显赫的维伦纽夫家族,从很小的时候起,她就开始帮助穷人,不仅分给他们食物,还将家里的藏酒也拿出来与穷人分享。冬天的时候,萝丝琳还会给流浪的穷人送去御寒的衣物。

但是，当时的卡佩王朝的法律规定，贵族不可以与穷人接触，萝丝琳的做法等于违背了王朝的法令，有人将她的行为告发给了国王。于是，善良的萝丝琳被发配到了阿克尔附近的一座修道院里。

在修道院里生活的29年中，萝丝琳始终没有停止对穷人的帮助，共有几千名穷人都曾接受过萝丝琳的恩惠，还有一些在修道院中留了下来，在传经布道的同时，大力种植葡萄。当善良的萝丝琳去世后，修女们将她的遗体制作成了木乃伊，并保存在水晶棺中，供信徒们瞻仰膜拜，当修女们酿造出一款粉红色的葡萄酒，她们一致决定用萝丝琳的名字来命名，同样，她的名字也成了后来建立的酒庄的名字，用来纪念她伟大的善举和功绩。

圣萝丝琳酒庄紧挨着修道院，在多位法国著名建筑师的设计下，已经被列入国家级重要保护遗产的城堡又被改建成了著名的古堡酒店，修道院里的修道士们曾经居住在古堡酒店的二楼，酒店里面依然有着和修道院相通的走廊。酒庄周围环绕的葡萄园都归酒庄所有，已经有了近千年的历史，如今这里生产的葡萄，依然为酒庄提供了大量的酿酒原料。后人也为萝丝琳修建了一座雕像，虽然雕像已经有了三百年的历史，但是它的眼睛依然闪烁着光芒，眼神里仿佛充满了对君主体制的抗争和对平等关爱的向往。听到小文如此动情的讲述，我在品尝桃红葡萄酒时，仿佛也能感受到萝丝琳的精神，情不自禁地为这位伟大的女人而赞叹。

在法式大餐中，一餐饭往往要换三种酒搭配不同的食材，这种隆重的美食文化在我看来却并不是极大的享受。在一切都慢下来的普罗旺斯，桃红葡萄酒对食物的百搭性更加适合这里有些懒洋洋的氛围。也许，这也是桃红葡萄酒在普罗旺斯地区如此受欢迎的原因之一。

与干红葡萄酒相比，桃红葡萄酒的口感似乎稍显平淡，但是却不

会淹没任何食物原本的味道。我点了一份鸭肉，是将烤好的鸭肉搭配了Christian Etienne餐厅特制的酱料，吃起来外酥里嫩，也许是因为在调料中加了柠檬汁的缘故，味道令人回味。

小文点的是一道鱼肉，据说这里出售的鱼肉都是当天早上才从海里打捞回来的，鱼肉搭配着鱼露和新鲜的蔬菜，是这个季节的特色菜。这顿午餐也是我在普罗旺斯旅行的最后一餐，当天晚上，我将结束这一场仿佛梦游般的奇幻之旅。

当飞机起飞的瞬间，我再一次透过飞机上的舷窗望向普罗旺斯这片美丽的土地，蔚蓝的地中海、金黄的向日葵、紫色的薰衣草、温暖的普罗旺斯阳光，都将离我远去。我在心中默默感谢，感谢它们曾以最完美的姿态在我的生命中出现，在我的回忆里烙上永恒的美好的烙印……

后记
POSTSCRIPT

旅程结束，一种新生活的开始

回到国内以后，我发现普罗旺斯的阳光和海风还是在我的皮肤上留下了印记，与出发之前相比，我似乎黑了一些。但是在普罗旺斯的这些日子里，我的内心只感觉到与世隔绝的宁静，普罗旺斯的一切都显得那么有生命力，这种生命力也深深感染了我。当一切回归现实，我的生活轨迹似乎也悄悄地发生了改变。一切事物似乎都在向着好的方向发展，也许是我的好心态起了作用，内心充满阳光，生活中的每一天都是晴天。

以前我曾经每天祈祷时间快些过去，企图让时间将一切不美好冲刷干净，现在我学会了发掘生命中点点滴滴的美好，这些点滴汇聚在一起给了我强大的力量。也许有人在以招摇的姿态彰显自己的富有，我却在用最朴素的方式享受生命的厚重，也不会忘记欣赏生命旅程中每一道靓丽的风景，把生活视作一道盛宴，用爱和热诚去细细品味。像电影《阿甘正传》中说的那样："生活就像一颗巧克力，你永远也不知道下一颗是什么口味，你拿到了什么，就好好享用它，然后，满怀期望地去开始下一个选择。"

感谢我在普罗旺斯遇到的每一个人、去过的每一个地方、经历的每一件事情,它们总是让我的心格外温暖。也许将来有一天我的记忆力会变差,但是普罗旺斯会是一个让人无法遗忘的地方,它让我学会了做一个快乐的人,让我找到了一种全新的生活方式。也许,这就是普罗旺斯的魅力;也许,这就是旅行的意义。